COMO CONTAR
HISTÓRIAS
PARA
CRIANÇAS

Silke Rose West • Joseph Sarosy

COMO CONTAR HISTÓRIAS PARA CRIANÇAS

Com conselhos, dicas práticas e um toque de ciência

Tradução de Sandra Pina

☰ Editora **Melhoramentos**

Dados Internacionais de Catalogação na Publicação (CIP)
(Câmara Brasileira do Livro, SP, Brasil)

West, Silke Rose
  Como contar histórias para crianças / Silke Rose West e Joseph Sarosy; tradução Sandra Pina. – São Paulo: Editora Melhoramentos, 2022.

  Título original: How to tell stories to children
  ISBN 978-65-5539-479-5

  1. Contação de histórias 2. Pais e filhos 3. Pais e filhos - Relacionamento 4. Parentalidade 5. Relacionamento entre pais e filhos I. Sarosy, Joseph. II. Título.

21-87983   CDD-371.33

Índices para catálogo sistemático:
1. Pais e filhos: Relacionamento: Educação familiar 370.15

Maria Alice Ferreira – Bibliotecária – CRB-8/7964

Queremos que você compartilhe nossa paixão pela contação de histórias com seus amigos, família e filhos. Sinta-se livre para emprestar e citar esta obra. Por favor, não copie capítulos inteiros literalmente, ou mandaremos duendes irem buscar seu livro.

Título original: How to Tell Stories to Children
Copyright © 2019, 2021 by Joseph Sarosy and Silke Rose West
Publicado em acordo com a HarperCollins Publishers LLC
Direitos desta edição negociados pela Villas-Boas & Moss Literary Agency

Tradução de © Sandra Pina
Preparação de texto: Maria Isabel Ferrazoli
Revisão: Mônica Reis e Sérgio Nascimento
Projeto gráfico: Carla Almeida Freire
Diagramação: Estúdio dS
Capa: João Paulo Putini
Imagens de capa: Alexey Grigorev/Shutterstock e Vesnin_Sergey/Shutterstock
Ilustrações das páginas 34, 35 e 174: Bruna Parra

Direitos de publicação:
© 2022 Editora Melhoramentos Ltda.
Todos os direitos reservados.

1.ª edição, janeiro de 2022
ISBN: 978-65-5539-479-5

Atendimento ao consumidor:
Caixa Postal 729 – CEP 01031-970
São Paulo – SP – Brasil
Tel.: (11) 3874-0880
sac@melhoramentos.com.br
www.editoramelhoramentos.com.br

Impresso no Brasil

Para as crianças da Terra

"Crenças irreais em forças invisíveis... são muito mais propensas a motivar ações do que as crenças reais e modestas."

Brian Boyd, *On the Origin of Stories*

SUMÁRIO

Introdução **11**

1 O ciclo da narrativa **31**

2 Seja você mesmo **53**

3 Comece simples, comece cedo **65**

4 Estabeleça um ritmo **77**

5 Porcas e parafusos **89**

6 Histórias para acalmar **111**

7 Histórias para ensinar **125**

8 Histórias para a família toda **143**

9 O final **159**

Nota dos autores **175**

Agradecimentos **179**

INTRODUÇÃO

Crianças afloram o contador de histórias em nós. Inicia-se antes mesmo do nascimento de nosso filho, quando você começa a conversar com esse ser misterioso que deseja ver e tocar. Lentamente, apresentamos nosso bebê ao mundo, banhando-o com palavras doces, preparando as raízes da linguagem. Nossa voz o ajuda a se orientar e faz com que ele saiba que está seguro: essas são as primeiras histórias de uma criança. Logo seu filho estará explorando cada canto da casa, e suas apresentações, pequenas histórias em si mesmas, fazem tudo o que era velho e sem graça brilhar com uma nova luz.

Percebemos que, quando uma criança diz "Me conta uma história", ela não está pedindo uma narrativa. Está pedindo sua atenção. Esse não é um pedido simples. A confiança de uma criança é um presente precioso, e, se reconhecemos o significado por trás de suas palavras – *ele quer se conectar... comigo!* –, nosso coração se abre totalmente. Vemos isso como uma oportunidade. As histórias que fluem nesses momentos são às vezes muito simples, ainda assim tão íntimas e profundas que as memórias duram uma vida inteira.

Porém, às vezes, estamos simplesmente esgotados. Tivemos um dia atarefado no trabalho, uma conversa exaustiva com nosso marido ou esposa, uma simples barrinha de cereal e um café no almoço, então a ideia de contar uma história não parece divertida. Soa como trabalho, outra demanda para nosso suprimento limitado de energia e criatividade.

É fácil se desgastar e se sentir intimidado quando se trata de contar histórias. Não apenas nos sentimos cansados às vezes, mas também estamos cercados por gigantes da indústria como Disney, Marvel e J. K. Rowling. Como é possível competir? Devemos? Talvez seja mais fácil simplesmente deixar essa tarefa para os especialistas.

Tal linha de pensamento pode fazer sentido se a contação de histórias fosse simplesmente sobre a história em si, mas, como pesquisas mostram (e você certamente descobrirá por conta própria), esse ato tem muito mais a ver com o relacionamento entre quem conta e quem ouve, ou seja, você e seu filho. Quando abordado por essa perspectiva, o contar histórias se torna mais fácil, mais divertido e, de modo sutil, uma possibilidade de expressão do amor e da intimidade que você compartilha com seu filho.

Consegue se lembrar de quando sua mãe ou pai lhe contou uma história, ou talvez um avô ou avó amorosos, ou um professor? Se você é como a maioria das pessoas, se recordará desses momentos com visível carinho. É provável que se lembre de parte da história, como os personagens principais, porém é mais provável ainda que se recorde do sentimento daquele momento. Você se sentiu cuidado. Sentiu como se tivesse e merecesse a atenção amorosa daquele adulto.

Este livro é sobre isso e não sobre contar histórias de sucesso que acabam gerando contratos para filmes. É sobre contar histórias, simples histórias, que alimentam o relacionamento com

Quando uma criança diz
"Me conta uma história",
ela não está pedindo
uma narrativa. Está
pedindo a sua atenção.

seu filho e que serão lembradas pelo resto da vida dele. Para isso, vamos compartilhar um pouquinho da ciência da contação de histórias, junto com um método simples que tem funcionado para nós ao longo de trinta anos. Funciona há muito mais tempo que isso (talvez uns 60 mil anos), mas explicamos aqui com palavras fáceis de entender. Exercícios práticos e exemplos de histórias ajudam a dar vida a isso, e, ao final deste livro, temos certeza de que você se sentirá mais confiante. Por quê? Porque contar histórias é algo no qual você já é bom. Pode apenas não ter percebido ainda.

Quem já contou histórias para crianças reconhece um fato simples: no final, você não sai apenas com uma boa história, vocês dois se sentem mais próximos. Médicos chamam isso de "apego", tema que é moda nos círculos de pais. Mas apego é um assunto curioso e, às vezes, inconstante. A revista *Psychology Today* relata que 40 por cento das crianças dos Estados Unidos não têm apego saudável aos seus pais e, portanto, tendem a se esforçar para criar relacionamentos saudáveis na vida adulta.[1]

O princípio fundamental da teoria do apego é que um vínculo saudável com uma ou mais figuras paternas/maternas nos seus primeiros anos de vida ajuda a criança a criar relacionamentos saudáveis mais tarde. Como relacionamentos são vitais para criaturas sociais como nós, isso leva a todo tipo de desfechos desejáveis, como sucesso acadêmico e profissional, saúde mental e autoestima positiva.

Por outro lado, crianças que não têm apego saudável na infância tendem a criar relacionamentos ruins na vida adulta e, portanto, a ter problemas na escola, na carreira profissional e

---

[1] Brogaard, Berit. Parental Attachment Problems. *Psychology Today*, nov. 2016. Disponível em: https://www.psychologytoday.com/us/blog/the-mysteries-love/201611/parental-attachment-problems. Acessado em: 7 out. 2021.

uma série de distúrbios de comportamento, que vão desde ansiedade e raiva à evasão.

No entanto, é importante não comparar apego com amor. É perfeitamente normal, e até bem comum, que pais amem seus filhos e, ainda assim, não criem uma saudável sensação de apego. Nossa vida moderna tem muito a ver com isso. Tempo em frente à tela e agendas cheias são temas cada vez mais comuns entre pais e filhos. Entendemos. Também somos ocupados. É por isso que queremos ajudar pais a se conectarem diretamente com seus filhos.

Contar histórias é uma forma antiga e comprovada de fazer isso, e a ciência moderna tem nos dado algumas informações interessantes sobre o porquê de ser tão eficaz. Porém, o que se destaca é que... é de graça. É perfeitamente natural e funciona com quaisquer que sejam os valores religiosos, sociais e culturais da família. Ninguém nem precisa, na verdade, lhe dizer como fazer isso, assim como ninguém precisa lhe dizer como andar. Você apenas faz. É dessa forma que a contação de histórias está profundamente enraizada na espécie humana.

Antropólogos têm estudado a contação de histórias há décadas e o que descobriram é que os melhores contadores de histórias, geralmente, estão em posições sociais importantes.[2] Se observarmos o mundo moderno, vemos mais do mesmo. Histórias modernas são grandes negócios, normalmente contadas através de filmes, livros, música e videogames. Os atores e escritores que as criam são alguns de nossos maiores heróis e celebridades.

Mas a contação de histórias ainda tem um lugar único dentro da família. Ela não apenas cria apego; se torna como um

---

[2] Yong, Ed. The Desirability of Storytellers. *The Atlantic*, dez. 2017. Disponível em: https://www.theatlantic.com/science/archive/2017/12/the-origins-of-storytelling/547502/. Acessado em: 7 out. 2021.

Contar histórias é algo
em que você já é bom.
Pode apenas não ter
percebido ainda.

canivete suíço para os pais – uma multiferramenta que ajuda a criança a aprender novas habilidades, cria empatia, alivia emoções difíceis e dá significado a momentos desafiadores da vida.

E, como verá, há uma grande diferença entre contar a história que alguém criou e uma criada por você.

Pense na diferença entre um molho de tomate enlatado e um molho de tomate caseiro. Um contador de histórias experiente se baseia em eventos e objetos próximos à criança, como colher, tomates e temperos na horta e, então, criar histórias que não são apenas divertidas (e saborosas), mas inventadas especificamente para aquela criança naquele lugar.

Neste livro, esboçamos os ingredientes principais para uma contação intuitiva de histórias, de modo que você possa começar a improvisar suas próprias histórias a partir do contexto no qual você e seus filhos vivem. Somos pais e professores com centenas, talvez milhares, de horas de contação de histórias na bagagem, mas este livro nada tem a ver com a nossa maneira de contar histórias ou com as de outras pessoas. Ele tem tudo a ver com a maneira de contar as suas.

Isso porque, em essência, contar histórias trata-se de relacionamentos. Vimos histórias iluminarem o dia de uma criança, ensinar valiosas lições de vida, conquistar confiança e até ajudar famílias a lidar com a perda de um ente querido. Se acreditássemos que foram as histórias que conduziram esses momentos, as teríamos editado. Mas acreditamos que aquelas histórias, como todas as boas histórias, criaram raízes no espaço amoroso entre quem conta e quem ouve. Elas chegam silenciosamente, quase de um jeito secreto, para aqueles que estão dispostos a ouvir. É isso que faz de você o melhor contador de histórias para seu filho.

* * *

Silke (pronuncia-se *silk-uh*) é uma professora de Waldorf, no estado do Novo México, nos Estados Unidos, que tem lecionado na pré-escola há mais de trinta anos. Em 1995, ela foi cofundadora da *Taos Waldorf School* e hoje administra uma pré-escola florestal independente chamada *Taos Earth Children*. Ela é famosa na cidade de Taos pelos seus teatros de fantoches e suas contações de histórias, e presta consultoria a professores e escolas em todo o país.

Joe trabalhou com Silke durante dois anos na *Taos Earth Children* e, em 2018, criou a primeira e a segunda séries independentes que trabalham em colaboração estreita com a pré-escola de Silke. Joe também é escritor *freelance* da revista *Fatherly* e criador da campanha #GreatDad, um movimento para destacar grandes pais dos Estados Unidos.

Para nós dois, contar histórias é uma parte principal de nosso dia. É como ensinamos. É como nos divertimos. Muitos dos nossos dias na escola são passados ao ar livre, aprendendo dentro dos bosques e montanhas do norte do Novo México, e nossas histórias frequentemente são sobre os animais e plantas que encontramos aqui, um feriado próximo ou um trabalho manual que acabamos de fazer com as crianças. Nossos personagens normalmente passam por situações que as crianças enfrentaram recentemente, incluindo assuntos complicados de sala de aula e eventuais problemas de comportamento. Ao final de uma história, não é incomum as crianças soltarem frases como "Foi a melhor história de todas!".

É verdade que somos bons contadores de histórias, porém o mais importante é o vínculo emocional e a experiência compartilhada que temos com as crianças, e o fato de que nossas histórias são criadas a partir de situações e objetos que elas reconhecem. Quando abordamos a contação de histórias a partir dessa

O que você tem nas mãos não é uma coletânea de histórias. É um método para ajudá-lo a criar as suas próprias.

perspectiva, o objetivo não é criar a narrativa mais cativante do mundo, mas histórias simples do dia a dia, com as quais as crianças se identifiquem e que ajudem a construir intimidade e confiança entre pai/mãe (ou professor) e criança.

Há centenas de livros de histórias disponíveis hoje em dia, incluindo vários que fornecem alguma instrução e informação sobre como contar histórias. Alguns desses livros são excelentes, porém estão focados principalmente em memorizar e recontar histórias criadas por outra pessoa. Essa não é a intenção de nosso livro. O que você tem nas mãos não é uma coletânea de histórias. É um método para ajudá-lo a criar as suas próprias.

A técnica é simples, algo que usamos todos os dias com muita diversidade e flexibilidade. Muito disso vem de conselhos de especialistas e pesquisa acadêmica. No entanto, o único conhecimento necessário é o contato emocional com seus filhos, algo que você faz melhor do que ninguém.

Compare isso com a mensagem da contadora de histórias Marie Shedlock na introdução de seu clássico livro *The Art of the Storyteller*:[3] "É de se esperar que, um dia, histórias sejam contadas em grupos escolares apenas por especialistas que dedicaram especial tempo e preparação na arte de contar histórias".[4] Shedlock tem boas intenções, mas isso é exatamente o oposto da nossa mensagem. Qualquer um é um bom contador de histórias, e nenhum especialista pode substituir a intimidade de uma história criada dentro do próprio ambiente da criança

---

3 *A arte de contar histórias*, em tradução livre. (N. da T.)
4 Tradução livre. (N. da T.)

por um pai/mãe ou cuidador presente e amoroso. Por quê? Porque contar história tem a ver com o relacionamento, não com a narrativa.

O método intuitivo que descrevemos neste livro emprega uma estrutura simples, começando com objetos e atividades dentro do ambiente próximo de seu filho. Algumas vezes isso pode ser tão complicado quanto transformar um conflito entre as crianças em uma briga entre esquilos, mas, normalmente, é tão simples quanto ver os pés descalços de uma criança e contar uma história sobre o que aconteceu quando os cadarços dos sapatos dela foram passear no rio. Tais histórias fazem as crianças rirem e pensarem. Elas se sentem parte da narrativa, porque reconhecem os personagens e as situações das histórias em sua vida. Sentem-se vistas.

Mas não é só isso. Como histórias intuitivas são criadas a partir do ambiente da criança, com frequência geram oportunidade para brincadeiras. Isso cria um belo ciclo narrativo que descrevemos mais detalhadamente no Capítulo 1. Não é difícil imaginar, por exemplo, o que uma criança descalça, que ouviu recentemente uma história sobre os cadarços, fará quando encontrar os sapatos dela.

Como um todo, este livro descreve os ingredientes de nosso método de contar histórias, mas cada tópico é independente, então você poderá escolher o que desejar. Cada capítulo pode ser lido em menos de dez minutos e é seguido por um exemplo de história para ilustrar o conselho dado nele. Você pode achar mais fácil ler o livro todo de uma vez, mas seria perfeitamente adequado – e muito do nosso gosto – ler um

Boa contação de história não se trata de perfeição. É prática.

capítulo, tentar uma história com seus filhos e voltar outro dia para outra dica. Incluímos exercícios práticos em cada capítulo para ajudar você a começar. Boa contação de história, apesar do que diz Marie Shedlock, não se trata de perfeição. É prática. Não há pressa.

Acreditamos nesse método porque o usamos quase todos os dias. Vimos que ele funciona em múltiplos ambientes ao longo de muitos anos. Ele é flexível e fácil de aprender. A estrutura é útil, especialmente se você estiver começando, mas não existem duas histórias nem dois contadores de histórias iguais. Boas histórias, como boas pessoas, são tão diferentes quanto os picos de uma serra e os vales e rios entre eles. Encontre seu lugar. Encontre sua voz. Suas histórias serão mais produtivas quando parar de ouvir conselhos e simplesmente seguir a história que já está dentro de você.

Se há uma mensagem que esperamos que você leve deste livro é: *você já é um bom contador de histórias*. É o que faz de você humano, literalmente. Vem no pacote, assim como o cabelo e os dedos. Então, lembre-se, se o que está procurando é molho caseiro, faça você mesmo e tente receitas diferentes nas primeiras vezes. Não vai demorar muito para ficar melhor do que o enlatado. Porém, uma vez que domine o preparo de que mais gosta, jogue fora o livro de receitas. Sua intuição levará você e seus filhos muito mais longe do que jamais sonhou.

A CIÊNCIA POR TRÁS DA HISTÓRIA

Há anos cientistas vêm reunindo fatos sobre contação de histórias: ela nos ajuda a lembrar informações, focar a atenção, desenvolver empatia e atravessar situações difíceis da vida. Porém, só recentemente algumas pessoas começaram a perguntar por quê.

Contar histórias tem a ver
com o relacionamento,
não com a narrativa.

"Por que, num mundo de necessidades, escolhemos gastar tanto tempo fisgados por histórias que tanto quem está contanto quanto quem está ouvindo sabem que nunca aconteceu e não acontecerá?"[5] Essa é a pergunta de abertura do livro *On the Origin of Stories*,[6] do teórico evolucionista Brian Boyd. Questão semelhante pode ser encontrada nas páginas de *Darwin's Cathedral*,[7] de David Sloan Wilson. Notável professor de biologia e antropologia da Universidade de Binghamton, Wilson recebeu inúmeros prêmios por seu trabalho e, recentemente, obteve fundos da Fundação Nacional da Ciência, agência governamental dos Estados Unidos, para expandir seu programa de estudos evolutivos em um consórcio nacional. É possível, ele pergunta, que histórias culturais (no caso dele, especificamente religiosas) unam seus ouvintes em um grupo com vantagens evolutivas distintas?[8]

O âmbito dessas perguntas vai bem além deste livro (somos apenas professores de jardim de infância!). No entanto, a discussão emergente entre pesquisadores de cognição, neurocientistas e teóricos da evolução lança uma enorme quantidade de luz sobre o peso da narrativa, e vale abrir uma pequena janela para esse mundo.

Colocando de modo simples, somos uma espécie extraordinariamente social, algumas vezes rotulada de "supersocial". O sucesso que obtivemos enquanto espécie e, portanto, enquanto indivíduos, é devido em grande parte à nossa habilidade de cooperação – e competição – um com o outro. A tênue linha que tecemos entre cooperação e competição com nossa família, clã e

---

5   Boyd, Brian. *On the Origin of Stories*. Cambridge: Belknap Press, 2009.
6   *Sobre a origem das histórias*, em tradução livre. (N. da T.)
7   *Catedral de Darwin*, em tradução livre. (N. da T.)
8   Wilson, David Sloan. *Darwin's Cathedral*. Chicago: University of Chicago Press, 2003.

vizinhos levou ao desenvolvimento de notáveis ferramentas para compartilhar e reter informações, ler as intenções dos outros e imprimir ou esconder deles nossas próprias intenções.

Uma dessas ferramentas principais é a narrativa. Contar histórias é o modo como dizemos aos outros o que aconteceu, o que desejamos que tivesse acontecido ou o que gostaríamos de fazer agora. Jennifer Aaker, professora de marketing da Escola de Negócios de Stanford, relata que as pessoas se lembram de uma informação quando está incorporada em uma narrativa, "22 vezes mais do que apenas fatos isolados".[9] Histórias também são o método principal que usamos para enganar, ou tentar enganar, os outros com mentiras. Pegas em flagrante, a maior parte das crianças de 4 anos inventará espontaneamente uma história para evitar verdades incômodas.[10] Adultos não são muito melhores. A fofoca chega a quase 65% de toda a comunicação em público.[11]

Mas histórias são muito, muito mais do que um meio para a transmissão de verdades ou mentiras. Elas são, como sabemos a partir de filmes milionários, livros de sucesso e pinturas em cavernas com 30 mil anos de idade, uma das atividades mais cativantes para os seres humanos de todos os lugares. Pagamos por uma boa história, muito embora, como declara de modo incisivo Brian Boyd, "tanto quem está contando quanto quem está ouvindo sabem que nunca aconteceu e não acontecerá". Por quê?

---

9 Aaker, Jennifer. *Lean In: Harnessing the Power of Stories*. Publicado em 2014. Arquivo de vídeo. Disponível em: https://leanin.org/education/harnessing-the-power-of-stories. Acessado em: 8 out. 2021
10 Vitelli, Romeo. When Does Lying Begin? *Psychology Today*, 11 nov. 2013. Disponível em: https://www.psychologytoday.com/us/blog/media-spotlight/201311/when-does-lying-begin. Acessado em: 8 out. 2021.
11 Ben Healy. Gossiping Is Good. *The Atlantic*, jul./ago. 2018. Disponível em: https://www.theatlantic.com/magazine/archive/2018/07/gossip-is-good/561737/. Acessado em: 8 out. 2021.

Mais que simples formas de dizer verdades ou mentiras, seres humanos usam histórias para chamar a atenção, simular ações e comportamentos (incluindo emoções) e desenvolver confiança. Contar histórias é a principal forma de transmissão de valores entre membros de nosso grupo social, inclusive de pais para filhos. "Histórias", segundo um artigo na revista *The Atlantic*, "podem ser uma maneira de nós, humanos, sentirmos que temos controle sobre o mundo. Elas permitem que as pessoas vejam padrões onde há caos... um modo de resolução de problemas existenciais."[12]

Talvez agora possamos começar a entender por que David Sloan Wilson sugere que histórias culturais e religiosas possam ser uma vantagem evolucionária para seus ouvintes. Cooperação entre os membros da comunidade, diz Wilson, sempre foi um componente vital para a sobrevivência humana. "Amar e servir a um deus perfeito", no entanto, "é muito mais motivador do que amar e servir a um vizinho imperfeito". Em outras palavras, "um sistema ficcional de crença intuitivo e que motive um conjunto adaptativo de comportamentos vai superar um sistema de crença realista que demanda um título de PhD para ser compreendido". É importante reconhecer que Wilson não está sugerindo que crenças religiosas sejam fictícias (ou verdadeiras), simplesmente que, verdadeiras ou não, estão profundamente imbuídas de histórias que motivam comportamentos.

A maioria dos pais observa isso diariamente. Crianças tendem a representar e contar histórias que tenham ouvido, lido ou visto recentemente, seja um livro novo do mundo de Harry Potter ou um filme da Disney. Adultos fazem o mesmo, repetindo as

---

12 Delistraty, Cody C. The Psychological Comforts of Storytelling. *The Atlantic*, 2 nov. 2014. Disponível em: https://www.theatlantic.com/health/archive/2014/11/the-psychological-comforts-of-storytelling/381964/. Acessado em: 8 out. 2021.

melhores falas de nossos filmes prediletos, e até assumindo algumas posturas de nossos personagens favoritos.

Contar histórias é um dos principais métodos pelo qual transmitimos cultura (ou significado) de pais para filhos e de um humano para outro. E não apenas significado, mas formas de ser. Postura. Tom. Altivez. História de família. "Ao ouvir o desenrolar de uma história, suas ondas cerebrais realmente começam a sincronizar com as do contador", escreve Elena Renken na National Public Radio.[13] Ela está parafraseando o trabalho de Uri Hasson, um professor de psicologia e neurociência da Universidade de Princeton, cuja palestra, sobre contação de histórias e comunicação, no TED vale muito a pena ouvir.

Contar histórias também é, junto com o toque, um dos grandes árbitros de intimidade e confiança. Pessoas que frequentemente compartilham histórias, em geral, são ligadas de maneira única e duradoura. É por isso que a revista *Psychology Today* lista a leitura em voz alta como uma de suas principais recomendações aos pais interessados em criar filhos felizes.[14] O conteúdo é quase irrelevante. O que buscamos é a intimidade emocional, e acontece que compartilhar histórias constrói isso melhor do que quase qualquer outra coisa.

Em seu influente livro, *The Storytelling Animal*,[15] Jonathan Gottschall escreve que a ficção "deixará você mais empático e

---

13 Renken, Elena. *How Stories Connect and Persuade Us*. NPR, 11 abr. 2020. Disponível em: https://www.npr.org/sections/health-shots/2020/04/11/815573198/how-stories-connect-and-persuade-us-unleashing-the-brain-power-of-narrative. Acessado em: 8 out. 2021.

14 Allyn, Pam. 10 Ways to Raise a Happy Child. *Psychology Today*, 11 jul. 2013. Disponível em: https://www.psychologytoday.com/us/blog/litlife/201307/10-ways-raise-happy-child. Acessado em: 8 out. 2021.

15 *O animal narrador*, em tradução livre. (N. da T.)

mais capacitado a atravessar os dilemas da vida".[16] Histórias, diz, são como ensaios gerais para a vida real. Ele cita Marco Iacoboni, um neurocientista pioneiro da Universidade da Califórnia em Los Angeles (UCLA), que estuda neurônios-espelho: "Temos empatia por personagens fictícios... porque, literalmente, experimentamos os mesmos sentimentos". Contar histórias não é uma falha evolutiva, conclui Gottschall: "Ficção é... bom para nós".

Nosso desejo é que este livro inspire você a reivindicar a tradição da contação de histórias para si. É seu direito de nascença como ser humano e não demanda nenhum desses jargões acadêmicos. Na verdade, você já está contando histórias ao longo da maior parte de seu dia, seja para si, no escritório ou em um círculo de amigos. Gottschall explica bem isso: "História é para o ser humano como a água é para um peixe". Você tem as ferramentas. Tem a história. Ao entrar conscientemente nesse papel com seu filho, você repete uma jornada que milhões de pais e cuidadores fizeram antes. Com prática, você pode até descobrir que é um contador de histórias excepcional. Porém, muito mais certo é que o vínculo emocional que nasce naturalmente do contar histórias será um presente duradouro para você e seus filhos.

---

16 Gottschall, Jonathan. *The Storytelling Animal*. Nova York: Houghton Mifflin Harcourt Publishing Co., 2012.

1

O CICLO DA NARRATIVA

Existem tantas formas de contar histórias quanto existem pessoas na Terra. O método que ensinamos neste livro é o que chamamos de "contação intuitiva", ou seja, não envolve preparação. Você cria a história na hora. Em princípio, isso pode soar mais difícil do que meramente repetir um conto de fadas clássico, porém, uma vez que você capta a estrutura essencial – o que chamamos de "ciclo da narrativa" –, descobrirá que é tão simples quanto andar. Você não precisa pensar para fazer.

O que gostamos no método é que ele permite a cada indivíduo expressar a si e aos seus valores familiares de maneiras diferentes e únicas. É um método que se ajusta a qualquer um porque trata-se de processo, não de conteúdo. E, como você verá, essa diversidade de expressão se adapta bem às crianças à medida que crescem, amadurecem e, às vezes, enfrentam situações desafiadoras na vida.

Eis como funciona: faça um barco encantado com galhos e folhas. Ou pode ser com macarrão, com pedaços de computador ou de tapete. Qualquer coisa. Depois deixe as crianças brincarem com ele. Não importa se ele afundar. Apenas dê risada. Mais tarde, após o almoço ou em um momento mais tranquilo, conte a história de um rato (ou de uma fada, de uma formiga etc.) que encontra o barquinho e sai navegando em busca de aventura.

Não tem um barco encantado? Faça uma casinha ou um forte. Você pode fazer referência a uma mochila da criança, a um pedaço de chiclete jogado fora ou a uma árvore com apenas uma folha nos galhos. Qualquer coisa. Pegue de uma a três coisas concretas (ou situações) de seu dia e as use como âncoras de sua história.

Essa técnica liga realidade à imaginação, e vice-versa. Mais tarde, as crianças provavelmente vão querer contar uma parte da história, nesse caso, podem precisar de um barco. Isso é o ciclo narrativo – uma situação real, seguida por desenvolvimento imaginário, que resulta em uma nova realidade – e vem em todas as formas e tamanhos. Podemos representar isso assim.

Normalmente, um contador de histórias iniciante começa com histórias simples e singelas, porém um contador experiente começa a ver ciclos em todo tipo de situação, como com um grupo de crianças brigando. Elas podem ser repreendidas, é claro, mas é melhor contar uma história. Unidas pela história em comum em vez de destacadas em suas diferenças, as crianças têm a oportunidade de se reagrupar como equipe para representar a história. Dois bandos de piratas implacáveis unidos para capturar o maior polvo já encontrado em mar aberto. Todos a postos! Uma situação real transformada pela história em uma nova realidade.

Um contador de histórias experiente começa a ver ciclos em todo tipo de situação.

Eis mais uma: digamos que seu filho esteja com dor de dente. Ver uma criança sentindo dor pode ser penoso para os pais. Levamos nossos filhos ao dentista e os medicamos, mas algumas coisas, como novos molares, não são resolvidos rapidamente. Então, damos a eles um cubo de gelo e contamos uma história.

Era uma vez uma criança que estava com um dente tão dolorido, que não aguentou e resolveu fazer uma viagem para curar a dor. No caminho, ela conheceu um castor que tinha que mastigar o tempo todo, pois seus dentes nunca paravam de crescer. "Você acha que está com dor?", disse, talvez com um tom um pouco irritado. Ele nem parava de mastigar a madeira enquanto falava. Então veio um elefante que estava triste e solidário. "As presas crescendo", falou, "foi uma das experiências mais dolorosas da minha vida". Então veio um crocodilo, que era um pouco mal-humorado. E um tubarão. Até mesmo um tigre-dente-de-sabre. Cada um deles tinha uma personalidade diferente, uma palavra de consolo, ou apenas um mau humor. Por fim, a criança encontrou um velho mineiro no fundo de uma caverna, um pequeno gnomo que tinha recolhido dentes para a fada dos dentes. "Esses molares", ele disse, "são difíceis. Eu tenho que subir pelo nariz da criança e puxar e empurrar até que eles saiam. Não é à toa que eles doem".

Nada disso vai mudar a dor na boca da criança, mas, se dito com palavras solidárias e talvez um toque de humor, talvez ela possa sair com um pouco mais de determinação. De novo, isso é o ciclo narrativo – a transformação da situação real em uma com mais significado. É uma ferramenta incomparável para os pais.

O ciclo narrativo é uma jornada que fazemos com as crianças. Às vezes dura horas. Outras, apenas alguns minutos. Normalmente é só diversão (e isso, no geral, é a melhor situação para os iniciantes), mas, conforme for desenvolvendo sua habilidade, descobrirá que é surpreendentemente fácil incluir níveis de significados cada vez mais profundos. Afinal, o que são os Evangelhos ou o Vedas,[1] senão histórias?

---

[1] Vedas é o livro sagrado dos hinduístas. (N. da T.)

Ajudamos nossos
filhos a ligar realidade
e imaginação.
A história é a ponte.

Há muitas formas de começar e terminar sua história no mundo da imaginação, mas neste livro vamos focar no uso de um objeto ou situação do mundo real na narrativa. Ao fazer isso, ajudamos nossas crianças (e a nós mesmos) a ligar realidade e imaginação. Com o tempo, você pode não mais precisar dessa estratégia, mas se estiver apenas começando a contar histórias, descobrirá que essa prática simples abre uma rica fonte de material a ser explorado nos dois lados – realidade e imaginação. A história é a ponte.

Pense na jornada – ida e volta pela ponte – como um ciclo. Se enfiarmos linha numa agulha e a mantivermos conosco, podemos descobrir que demos um ponto entre realidade e imaginação. Um contador de histórias experiente fez centenas de pontos como esse no tecido da realidade. Ele tem dúzias de pontes e as posiciona com cuidado, escolhendo os locais apropriados para a idade de sua criança e de seus valores familiares. Uma criança que o acompanhou nessas jornadas não tem dificuldade de atravessar a ponte sozinha. Ela está sempre tecendo um denso painel de imaginação nos espaços e nas coisas reais em casa, na vizinhança, na cidade. Ela acendeu uma curiosidade que durará a vida toda. Essa criança vê portas até mesmo nos objetos mais corriqueiros. Você também verá.

A chave para uma narrativa simples e sem esforço é se manter presente e deixar a história fluir.

Um dos motivos desse método de contação de histórias ser bem-sucedido é que ele demanda pouca preparação. Métodos que envolvem memorização ou preparação, por melhores que sejam suas intenções, podem ser difíceis para pais e professores que têm pouco tempo ou motivação para seguir adiante. De modo semelhante, se um narrador tenta prever ou preparar o final de uma história durante a contação, haverá uma boa chance de que se distraia e a história fracasse. A chave para uma narrativa simples e sem esforço é se manter presente e deixar a história fluir.

Em outras palavras, não estamos buscando um roteiro, um princípio ou um final. Podemos nem ter uma clara noção de como será a história. Estamos apenas cruzando a ponte, uma ponte curiosa, e vendo a história se desenrolar em nossa própria imaginação. Quando ela termina, fechamos o ciclo trazendo a história de volta à realidade e permitindo uma saída simples para a brincadeira.

O primeiro passo é encontrar um objeto comum dentro do ambiente da criança. Pode ser um brinquedo, mas também poderia ser um lugar que vocês visitaram, ou uma borboleta que a criança viu durante um passeio à tarde. Independentemente do que for, certifique-se de que seja algo que tenha chamado também a *sua* atenção. Você é uma parte importante da história, e não queremos perdê-lo.

Pouco importa para onde a história vai ou como termina.

Por exemplo, podemos estar sentados perto de uma colina brincando na grama com algumas bonecas. Aos pés da colina passa um pequeno riacho. Durante um momento tranquilo, talvez após o almoço, podemos contar uma história sobre uma daquelas bonecas que, quando não estávamos olhando, resolveu ir até o riacho nadar. Aqui, a boneca é a âncora, o primeiro passo em direção à ponte, e a história facilmente segue sem conhecimento ou preparação prévios. Como a boneca se sentiu ao andar? Ela anda lentamente e com cuidado? Furtiva e brusca? Ela é um pouco atrapalhada? Tropeçou e caiu no riacho espalhando muita água para todos os lados? Que tipo de coisas ela vê? À medida que a narrativa avança de uma situação para outra, você vê a boneca passear pela sua imaginação. O que ela faz quando chega na beira da água? Depende de você e da personagem do momento.

Para alguns isso pode parecer um pouco forçado, mas chega um momento em que a história toma conta do narrador. É como se estivéssemos andando pela ponte, sem saber exatamente para onde estamos indo, meio que coçando a cabeça quando, de repente, vislumbramos o outro lado, damos um grande sorriso e começamos a correr. *Quero aquela boneca em um barco com um caranguejo.* Era isso que estávamos buscando, não uma narrativa decorada, porque dali em diante, a história se autodirige. O narrador mergulhou completamente em sua imaginação e não está mais distraído. Sua animação se torna a animação da criança. Dificilmente importa para onde caminha a história ou como ela termina. Quando terminar, a criança terá uma nova visão de sua boneca. Ela pode querer reencenar a história. Pode precisar de um caranguejo. Ou talvez queira levar a boneca para uma nova aventura. Essa é a energia que estamos buscando.

Podemos também encontrar uma ponte em uma atividade, como uma criança pulando corda. Nesse caso, podemos contar uma história sobre uma formiga que amava pular corda e uma lagarta que chegou para brincar com ela. Quando pensa em uma formiga pulando corda, o que lhe vem à mente? E uma lagarta? Ela talvez tenha dificuldade para fazer todas aquelas patas pularem ao mesmo tempo. Simples histórias como essa podem trazer uma nova energia para uma tarde monótona. A brincadeira seguinte pode ser apenas voltar a pular corda com um riso diferente. Pode ser a interpretação de uma lagarta pulando corda, uma pata de cada vez. Você pode até interpretar uma lagarta gigante.

A brincadeira que segue após a história é apenas uma opção. Não é algo que seja forçado nem mesmo encorajado. A história apenas permite. Um caminho para a brincadeira está aberto, porque temos coisas reais (âncoras) em mãos que reconhecemos da história. Mas cabe às crianças escolherem se querem seguir esse caminho. Se a contação de histórias se tornar uma rotina, você verá quão frequente as histórias se transformarão em brincadeiras, e vice-versa. Essa é a mágica do ciclo narrativo. Mas não acontecerá todas as vezes, e é importante dar às crianças a liberdade de fazerem suas escolhas. É também importante aceitar que algumas de suas histórias não terão sucesso. Nada errado com isso.

Os exemplos neste capítulo são, em sua maioria, singelos porque é onde a maior parte das pessoas vai começar. A intimidade gerada por meio dessas histórias simples, com o tempo, permitirá que alguns contadores de histórias encontrem pontes em momentos mais complicados, como uma lesão, um encontro social difícil ou a morte de um ente querido. Capítulos mais adiante abordarão esse material com maior profundidade, mas eis um exemplo simples.

Imagine uma criança que esquece o casaco com frequência, seja na escola, no parque, na casa de um amigo etc. É fácil ficar frustrado com essa criança e repreendê-la para que não faça mais isso. Envergonhada, ela promete prestar atenção, mas nunca o faz, e isso começa a ser uma questão delicada entre a criança e os pais.

Usemos o casaco como uma ponte e o transformemos numa história sobre um urso que abre o zíper e tira seu pelo para nadar no rio. Ele o deixa na margem e o esquece e, depois, morrendo de vergonha, tem que ir para casa pelado. Com a chegada do inverno, ele tem que fazer uma grande busca por seu pelo, mas descobre que alguns esquilos e um coelho fizeram uma cabana com ele. Uma história assim vai fazer a criança rir, mesmo passando a mensagem de modo sutil, porém eficaz – sem qualquer crítica. O casaco pode continuar a ser esquecido, mas agora temos um artifício literário que alivia a tensão. "Ei! Não vai dar uma de urso pelado!" se torna uma maneira engraçada e gentil de lembrar que a criança não deve esquecer o casaco. Histórias como essa unem criança e pais ao invés de separá-los por causa do problema e das críticas.

EXERCÍCIO #1

Apenas observe

Antes de começar a criar uma história, comece olhando para o ambiente de seu filho em busca de pontes para o mundo das histórias. Podem ser brinquedos, atividades, lugares ou comida. O que anima você ou o faz rir? Seja honesto. Os exemplos neste capítulo incluem fadas, bonecas e insetos, mas você pode achar que tartarugas ninjas ou jogos de computador são mais divertidos. O que quer que chame sua atenção, tente ver neles pontes, ou portas, para o mundo das histórias. Para onde você gostaria de vê-los indo?

EXEMPLO DE HISTÓRIA

O gnomo do tubo de metal

por Joseph Sarosy

Esta é uma história engraçada que demonstra como usar o ciclo narrativo. Nela, você será capaz de identificar claramente a âncora, ou realidade, que nos levou a começar, e como a história conectou aquela realidade à nossa imaginação. No final, verá que tanto pais quanto filhos sentiram uma realidade nova e tangível.

* * *

Eu estava no banco do carona do carro do meu amigo, seguindo por uma estrada com duas pistas. Nossas filhas, de 5 e 6 anos, olhavam um livro de imagens no banco traseiro. Já estávamos dirigindo há uma meia hora, e ainda ia demorar um pouco mais até chegarmos ao nosso destino. À nossa frente e atrás de nós, seguiam em seus carros alguns pais com os filhos. Toda a classe do jardim de infância estava fazendo uma excursão até a Fazenda Ron, ansiosa para ver os pomares e campos mais uma vez.

Mas o trânsito estava lento. Um enorme oleoduto estava sendo instalado, por isso, a bela estrada de duas pistas com a linda vista do Rio Grande à direita, de vez em quando, se transformava numa estrada de pista única. Havia bandeirolas sinalizando o trabalho, e, com muitos carros à frente e muitos atrás, a gente observava os trabalhadores com coletes laranja e máquinas amarelas colocando enormes tubulações no lugar.

– Pai, isso tá chato – disse a filha do meu amigo, jogando o livro no chão. – Conta uma história pra gente?

– Bem... ah... – meu amigo vacilou. Era óbvio, desde a primeira sílaba, que ele não sabia uma. Histórias. De onde elas vêm? Ah, se dessem em árvores...

Ouvi pacientemente ele e a filha negociando por alguns minutos, choramingo e mal-estar crescendo com o carro parado. Fiquei em silêncio, tentando ser educado. Quando ficou claro que meu amigo não ia contar uma história, me aventurei a interromper.

– Certo, deixa eu falar – ofereci. – Eu conto uma história para vocês. Mas tenho uma regra...

– Qual?

– Vocês não podem gostar dela.

As garotas riram. Meu amigo deu uma risadinha. Para o caso de não haver nenhuma dúvida, minha filha falou.

– Ele só diz isso – falou, balançando a cabeça. – Não é verdade.

– Você não está falando sério – brinquei. Ela revirou os olhos. Amo esse jogo.

– Tudo bem – comecei. – Vocês sabem como a Silke sempre conta histórias de gnomos?

– Sim...

Eu tive alguns minutos para olhar ao redor enquanto meu amigo negociava com a filha. Não tinha um barco encantado ou um castelo coberto de musgo. Nem mesmo tinha uma boneca. Mas eu tinha tubulações de metal. Quilômetros delas. Para onde olhasse, a terra estava remexida. Trabalhadores usando capacetes carregavam ancinhos e pás, conduziam máquinas e apontavam maçaricos em direção aos enormes tubos de aço para soldá-los no lugar. Não era exatamente um paraíso, mas era o que tínhamos.

– Bem – disse, ainda sem saber que história iria contar –, *um gnomo estava a caminho da cidade de Taos.* – Comecei a imaginá-lo, um homem pequeno, atarracado, com um chapéu pontudo. – *Ele estava seguindo pela estrada, esta estrada, indo ajudar as pessoas a arrumarem as coisas para o Natal.* – Silke tinha nos falado sobre esses gnomos de Natal no início da semana. São duendes e aparecem nos contos de fadas alemães para ajudar em pequenas tarefas, como cortar lenha e limpar lareiras, na época dos feriados de fim de ano. As garotas sabiam, e sabiam também que eles não deveriam ser vistos.

– *Ele estava andando à beira da estrada, se arrastando na grama e atrás de arbustos para ficar escondido, quando se deparou com uma enorme pilha de lama. Uma bagunça! Tinha tubos e máquinas para todos os lados, e todo tipo de ferramentas e coisas assim. Felizmente, era fim de semana, por isso todos os trabalhadores estavam em casa. Provavelmente, se preparando para o Natal.*

A longa fila de carros que vinha no sentido oposto, finalmente acabou, e o carro-guia, fazendo uma curva, começou a seguir no outro sentido. O sinalizador à nossa frente virou a placa onde estava escrito PARE e mostrou outra, LENTO, e começamos a avançar bem devagar.

– *Ora, o gnomo começou a andar pelo meio de toda aquela bagunça e tinha que seguir bem devagar.*

"Precisava subir montanhas de lama e, como não tinha muita grama onde se esconder, tinha que ir de máquina em máquina. Era muito trabalhoso.

"A certa altura, um carro virou a esquina fazendo muito barulho, e ele precisou se esconder rapidinho. Mas não tinha para onde ir. Ele olhou para a esquerda. Ele olhou para a direita. Então, percebendo um enorme tubo de metal acima dele, pulou para dentro."

As garotas riram. Meu amigo deu um suspiro. Para ser honesto, até ali eu não tinha muita ideia para onde a história estava indo. Eu meio que estava apenas dizendo coisas até achar minha linha narrativa. Mas agora, que eu tinha um gnomo dentro de um tubo de metal gigante, comecei a sorrir. Podia *sentir* a história.

– *Bem, estava escuro lá dentro* – falei, começando a ficar mais confortável. – *Ele olhou ao redor tentando se orientar, mas não conseguia distinguir nada.* – A essa altura, estávamos seguindo tranquilamente no carro. – *Por fim, ele ouviu alguma coisa.* – Fiz uma pausa como se estivesse ouvindo. – *Tric, tric, tric... Difícil dizer o que era, mas parecia o som de pedacinhos de metal batendo uns contra os outros, ou como... como... um garfo caindo no chão. Tric, tric, tric...* "Estava por todos os lados. Os barulhos vinham de todas as direções e pareciam encher completamente o tubo. Tric, tric, tric... O gnomo começou a ficar um pouco assustado, mas então ele viu algo. Uma luz."

Fiz uma pausa.

Escuridão. Pequenas coisas mágicas que não podemos ver dentro de coisas reais. Uma luz aparece. Antes de contar o que estava lá, gostaria de perguntar: o que você vê? O que as garotas veem? Isso é o que buscamos. Havia quatro pessoas naquele carro, mas cada uma vê com seus próprios olhos. Agora a história está ligada ao mundo real, que vemos plenamente com nossos olhos de verdade, mas também chamava pela criatividade e visão interna de cada indivíduo. Além disso, ela estava nos unindo como um grupo. Essa é a mágica da contação de histórias.

– Lá, ao longe – falei –, o gnomo começou a decifrar alguma coisa. Não era uma coisa, eram muitas. Eram... talvez fossem centenas delas. Milhares. Tric, tric, tric... Conforme se aproximavam, o gnomo viu que eram centenas de minúsculas máquinas. Tinham a mesma cor do tubo, quase como se tivessem saído dele pequenos robôs com rodinhas, braços e eixos. Um tinha uma furadeira gigante no lugar do braço, outro, um pequeno maçarico. De repente, um se transformou numa escavadeira, empurrou alguns pedaços de metal para o lado e então se fundiu, com pedaços e tudo, na parede do tubo.

"'Uau', disse o gnomo, percebendo que eram aquelas máquinas minúsculas que, na verdade, estavam construindo o oleoduto. Os trabalhadores lá fora estavam, bem, achavam que estavam fazendo alguma coisa, mas a verdade é que estavam só passeando. Eram as máquinas minúsculas que faziam o trabalho de verdade.

"Por fim, um dos robôs se aproximou dele, piscando seus olhos de luz de um jeito meio amigável. Abriu um compartimento em seu cinto e criou um prato com queijo e biscoitos. Gnomos amam queijo e biscoitos! E, para falar a verdade, ele estava com muita fome depois de toda a caminhada. O robozinho entregou o prato para o gnomo. Ele deu uma mordida. Estava delicioso.

Nosso carro começou a desacelerar – outro sinalizador. Momento perfeito para enfatizar mais alguma coisa na história. Eu estava ouvindo tanto quanto os outros. As melhores histórias, para mim, são aquelas que eu vejo, porque significa que minha imaginação está envolvida. Não penso sobre elas. Não as pratico nem as reconto. Na verdade, quando tento recontar uma história, normalmente não dá certo. Gosto de ser influenciado pelo meu entorno. Gosto de tecer as árvores e as beiras de estrada em meus contos. Quando o faço, quando eu realmente ouço, é como se, naquele momento, a terra falasse através de mim. As histórias simplesmente acontecem. Eu apenas tenho que observar. As palavras que falo são, em sua maioria, uma descrição do que vejo, ou talvez do que gostaria de ver. Podia ser aquele que estava contando a história, mas eu a estava vendo como todos os outros. Nenhum de nós via a mesma coisa, mas compartilhávamos do mesmo jeito. Ela acontecia dentro de nós. Eu era apenas o narrador.

– *Depois que o gnomo comeu seu queijo e biscoitos, olhou para cima e viu os robôs parados em volta dele. Olhou para o prato, que tinha apenas algumas migalhas e, de repente, se sentiu mal. Tinha comido tudo. Levantou o rosto com uma expressão de culpa, mas viu uma coisa. Um dos robôs acenou de um jeito amigável, como se dissesse: 'Não, não... tudo bem'. Ele andou até a parede do tubo (era o tipo de robô que andava) e bateu três vezes, bink, donk, dink. De repente, abriu uma enorme porta, como a de um armário. Atrás dela, havia ainda mais robôs. E eles começaram a distribuir pequenas garrafas de óleo pela porta. Os robôs iam repassando as garrafas, as abrindo e bebendo... glup, glup, glup.*

"O primeiro robô limpou a boca com sua manga. 'Ahhh', disse, satisfeito com a deliciosa bebida peculiar. Então todos

levantaram suas garrafinhas em um brinde e gritaram 'Viva!' para o pequeno gnomo. Ele sorriu.

"Ah, céus. O pequeno gnomo se sentiu acolhido e confuso nessa hora. Ele tinha ficado tão surpreso em encontrar todas aquelas maquininhas no tubo de metal, e agora elas tinham sido tão amigáveis com ele. Céus. Mas, enquanto olhava para seus novos amigos, se lembrou de que ainda tinha que chegar a Taos. E começou a pensar em como iria chegar lá.

"Um dos robôs, sentindo os pensamentos do gnomo, correu para o lado do cano, bateu duas vezes, toc, toc, e abriu outra portinha. Uma prateleira apareceu e nela havia um par de patins. O robô o pegou e o entregou ao gnomo. E então explicou que o tubo descia na direção de Taos e que ele podia seguir de patins ali por dentro por quase todo o caminho.

"'Uau', pensou o gnomo. Esses caras são tão legais. Ele calçou os patins, olhou para seus amigos e quase achou que ia chorar. Estava triste por se despedir. 'Ah, não se preocupe', disse um dos robôs, 'estamos sempre aqui. Pode vir nos visitar quando quiser'. E, com isso, o gnomo agradeceu e acenou para todos. Sabia que os veria de novo. Os robôs se afastaram, acenaram e aplaudiram. Por fim, um deles deu um pequeno empurrão no gnomo.

"No início, o gnomo se afastou lentamente. Teve tempo para se virar e acenar uma ou duas vezes, mas logo começou a deslizar bem rápido. Binc-bloc, chegou ao final do tubo, onde havia uma pequena elevação da solda, e continuou pelo tubo seguinte. Binc-bloc, binc-bloc, passou por um tubo seguido do outro. Tinha quilômetros a percorrer, porém, fora os trancos de solda, o caminho seguia bem tranquilo. De vez em quando, encontrava mais robôs, porém, conforme se aproximava, eles se transformavam e se fundiam nas paredes do tubo. Uma ou duas vezes, ele se virou e viu. Depois que o gnomo passava, os robôs faziam barulho e saíam novamente das paredes do tubo e continuavam a fazer o que estavam fazendo. Ele acenava. Eles acenavam. Era incrível."

Mais uma vez, os carros que vinham da direção oposta passaram, o carro-guia fez a volta, o sinaleiro virou o sinal e nosso carro começou a andar.

– Bem, foi uma longa viagem pelo tubo. O gnomo estava patinando há horas, de vez em quando fazendo piruetas e passinhos. Como estava indo tão rápido, conseguia patinar pelas paredes do tubo e até de cabeça para baixo. Finalmente, depois de muito, muito tempo, começou a ver alguma coisa lá na frente. Uma luz. Uma luz brilhante. Uma luz branca, azulada, esverdeada. E estava se aproximando rápido.

"Bem, adivinha? Era de manhã. O gnomo estivera a noite toda no tubo e, conforme se aproximava do final, começava a ficar iluminado. Era segunda-feira, na verdade, e os trabalhadores estavam voltando do fim de semana. Alguns tinham pego suas pás. Alguns, subido nos tratores e guindastes, outros empunhavam os maçaricos. É claro, tudo aquilo era totalmente desnecessário porque, na verdade, quem fazia o trabalho eram os robôs dentro do tubo. Mas as pessoas precisam de empregos, então...

"Enfim, quando o gnomo estava se aproximando do final, um dos operadores de guindaste levantou o tubo para começar a encaixá-lo no próximo. Porém, a essa altura, o gnomo estava indo rápido demais. Mais rápido que nosso carro. Estava descendo por aquele oleoduto. De repente, percebeu que tinha que parar. Mas, como? Estava indo muito rápido. A luz se aproximando cada vez mais. Realmente não havia *nada que pudesse fazer. Ele bateu na última solda, binc--bloc, se inclinou e voou em direção à abertura.*

"Vuuummm... O pequeno gnomo voou pela ponta do tubo, para o céu. Por uma fração de segundos, um dos trabalhadores pensou ter visto um homenzinho de patins voar da ponta do tubo. Ele esfregou os olhos, piscou, então pegou sua xícara de café. 'Devo estar cansado', pensou.

"Enquanto isso, o gnomo estava subindo cada vez mais alto no ar. Estava indo tão rápido, que chegou até as nuvens. Finalmente, começou a desacelerar. Olhou para os quilômetros de oleoduto abaixo, o céu azul acima, o rio que corre ao lado da estrada, os carros, os trabalhadores, as máquinas. Era tão bonito. Tinha passado a noite toda viajando por aquele oleoduto, ganhando velocidade. Agora, tinha sido jogado no ar como uma pequena bola-gnomo de canhão.

"Mas vamos deixar ele ali um pouquinho, pendurado no ar, porque os robôs do início do tubo sabiam exatamente o que estava acontecendo o tempo todo. Não eram bobos. Tinham formado um pequeno comitê, e três deles haviam sido escolhidos para sair do tubo e ir até o rio. Havia lá uma garça azul que, certa vez, tentara fazer um ninho no tubo. Houve uma grande confusão, mas, resumindo, ela acabou fazendo o ninho perto do rio. Enquanto isso, ela e os robôs se tornaram bons amigos, assim como o gnomo. Enfim, os robôs contaram a ela sobre o gnomo. Natal, lareiras, alemães, lenha, e todas aquelas coisas, e ela voou para o Norte. Bem quando o gnomo começou a cair em direção à Terra, pousou em um macio cobertor de penas. Garças azuis. Aqueles caras têm moral.

"Eu poderia contar mais, porém basta saber que o gnomo chegou até Taos. Ele ajudou uma família a cortar lenha, mas

só quando não estavam olhando. E lavou a louça durante a noite. Amarrou esponjas nos pés e patinou esfregando o chão da casa. Os gatos não gostavam, mas não conseguiam pegá-lo. De qualquer maneira, esse é o tipo de coisa que eles fazem. Provavelmente também na casa de vocês, mas a história termina aqui. Por enquanto."

Houve um breve silêncio no carro. Tínhamos passado a obra e agora seguíamos tranquilamente para o nosso destino. A Fazenda Ron é um lugar mágico, com framboesas, maçãs e milho da cor de arco-íris. Não demoraria muito. Por fim, o silêncio foi quebrado.

– Essa foi a melhor história de todas! – as garotas gritaram no banco de trás. – Conta outra?

Eu sorri e disse:

– Não, só vou contar essa. – Recostado no banco, olhei para a estrada livre, as últimas folhas secas balançando nos troncos, e sorri satisfeito, enquanto as meninas insistiam para que eu contasse mais histórias. Elas tentaram me persuadir por mais um ou dois minutos, mas mantive minha posição.

Contar histórias pode ser espontâneo, rebelde e livre, mas necessita de energia criativa. Não levou mais de dois minutos para elas aceitarem minha decisão e começarem a recontar a história uma para a outra, dessa vez, com novas cenas e aventuras. Meu amigo e eu respiramos aliviados, contentes com os risinhos delas. Isso é o ciclo narrativo. Uma realidade transformada pela história em uma nova realidade.

2

SEJA VOCÊ MESMO

Certas pessoas são confiantes e naturalmente contadoras de histórias. Outras têm medo. Algumas contam épicos selvagens, cheios de tensão. Outras descrevem um passeio na grama. Outras ainda querem provocar o riso. Há um milhão de formas de contar histórias, tantas quanto o número de habitantes que existem na Terra, e mesmo assim cada um deles vai variar bastante o modo como conta.

Quando você conta uma história, está dando ao seu filho *você* mesmo – sua concentração, amor e atenção. É verdade que uma boa história pode animá-lo e levá-lo a algum lugar, mas você quer ter certeza de que o que está trazendo é autêntico. O objetivo não é uma história perfeita. É conexão. Ser um bom contador de histórias, portanto, consiste principalmente em se mostrar e prestar atenção. Trata-se de ser exatamente quem você é, seja um famoso astro de rock ou uma tímida bibliotecária.

Na escola, às vezes gostamos de colocar os pais ou visitantes na berlinda, pedindo que contem uma história. É possível distinguir quase instantaneamente quem se sente confortável no papel. Pessoas que apenas são elas mesmas contam melhor. Elas fazem uma busca rápida, então contam uma história breve, talvez sobre uma joaninha, ou um floco de neve, ou algo diferente que aconteceu naquele dia. Raramente as histórias são incríveis, mas as crianças amam. Elas estão interessadas em quem são as pessoas. Percebem quando alguém está ali com elas. Não importa se a história é curtinha ou esquisita. É real.

Isso contrasta com os pais e mães – normalmente muito inteligentes – que quebram a cabeça, mordem os lábios e então dão desculpas porque não estavam preparados. Não acreditam que podem contar uma boa história, e assim não contam nada. Todos já passamos por isso. É perfeitamente compreensível. Como adultos, perdoamos e esquecemos. Mas a mensagem, do ponto de vista das crianças, soa alta e clara: "Não tenho nada para compartilhar com você".

Pais que tropeçam na hora da história normalmente são culpados da Grande Mentira da História: "para ser um grande contador de histórias, tenho que contar uma ótima história". Não há nada de errado com ótimas histórias, é claro, mas essa busca em geral resulta numa caçada às nuvens. Achamos que temos que contar a maior e mais cativante história de todos os tempos. Mas é fácil nos sentirmos intimidados quando pensamos em sucessos de bilheteria como *Homem-Aranha* ou *A Pequena Sereia*. Temendo que nossas histórias nunca correspondam.

Essa busca nos tira de nós mesmos enquanto tentamos caçar (ou memorizar) aquela nuvem impossível e dá-la aos nossos filhos. Tudo bem se isso funcionar para você, porém, se faz com que duvide de si mesmo, não está funcionando. Volte e conte uma história simples.

Compartilhar suas histórias significa que você as valoriza, até as mais simples. E valorizar suas histórias quer dizer valorizar

O objetivo não é
uma história perfeita.
É conexão.

> Quando uma criança diz "Me conta uma história!", ela não está pedindo uma narrativa. Está pedindo sua atenção.

a si mesmo. É preciso acreditar que quem você é, exatamente como é, vale a pena ser compartilhado. Não é uma tarefa fácil para a maioria de nós, mas é uma mensagem importante a ser passada aos nossos filhos. A intimidade da contação de histórias pode, realmente, ser um ótimo espaço para permitir que você baixe a guarda e se deixe ser visto. Histórias contadas a partir dessa perspectiva salvam o dia.

Quando uma criança diz "Me conta uma história!", ela não está pedindo uma narrativa. Está pedindo sua atenção. Quando a atenção é dada integralmente, as histórias fluem quase que sem qualquer esforço. Com o tempo, esse ciclo de conforto, intimidade e história vai fazer com que você crie mais rápido do que qualquer conselho de especialista. Você não verá mais a contação de histórias como mera repetição de uma narrativa, mas como o compartilhar de uma experiência.

Quando você contar uma história a partir de um ambiente de intimidade e autenticidade, seu filho ficará ansioso para voltar ao mundo das histórias – e, o mais importante, você também. Entretanto, se nossas histórias são acompanhadas de sentimentos de frustração ou pressão para "fazer direito," serão lembradas como experiências negativas, mesmo se as histórias terminarem bem. Contar histórias vai começar a parecer um trabalho, uma tarefa. Mas, se partir de um lugar que é realmente você, sem qualquer pretensão, suas experiências serão amplamente prazerosas e cativantes. Suas memórias serão cheias de tranquilidade e paz, talvez alegria e risadas, até orgulho, tornando mais fácil para você voltar e contar histórias, repetidamente.

Este é seu primeiro objetivo, mesmo antes de contar sua primeira história: ser você mesmo. Não é possível contar boas histórias se estiver mentindo. Essa regra é tão fácil – e tão difícil – que cria e derruba contadores de histórias. Não importa se você é uma mãe de contos de fadas com tranças douradas ou um motorista de ônibus que usa calças cinza. Conte *suas* histórias. Seja verdadeiro. Seus filhos irão amá-lo por isso.

À medida que assumimos total honestidade conosco e com nossos filhos, podemos explorar o que realmente nos traz alegria e criatividade. Um contador de histórias deve começar a prestar atenção aos seus horários e humores. Quando as histórias fluem mais facilmente? Quando parecem ser um trabalho pesado? Tudo bem dizer não quando você estiver cansado.

Parte da emoção de contar histórias é ver um narrador cativado por sua própria história. Chama nossa atenção. Espelhamos seu entusiasmo. Vemos isso em suas expressões faciais e sentimos no tom de sua voz. Como Abraham Maslow e psicólogos depois dele destacaram: a expressão de criatividade é essencial para a sensação geral de bem-estar de uma pessoa. Um bom contador de histórias, portanto, é enriquecido por seu próprio processo. Ele conta histórias porque gosta de contar histórias e valoriza a intimidade e conexão que elas trazem.

·················· **EXERCÍCIO #2** ··················

Conte uma história para si mesmo

Quer você já tenha contado histórias para crianças antes, ou que esta seja a sua primeira vez, aproveite agora para contar uma história para si mesmo. Trate sua história como se fosse para seu filho. Escolha um horário e lugar confortável e onde não haja interrupções. Procure um objeto ou uma atividade que chame sua atenção – pode ser algo que esteja bem à sua frente ou algo que aconteceu mais cedo – e use-o como uma ponte para sua história. Preste atenção se encontra riscos, curiosidade, emoção, ou talvez incerteza, desconforto e tédio. Há alguma coisa que possa fazer para deixá-la mais agradável? Nas horas ou dias seguintes, perceba se alguma conexão permanece com sua ponte. Tente repetir esse exercício pela manhã, à tarde e à noite. Percebe alguma diferença?

·················· **EXERCÍCIO #3** ··················

Conte uma história para seu filho

Talvez você já tenha começado a contar histórias para seu filho. Ou talvez seu filho ainda nem tenha nascido! Não importa sua situação ou experiência, aproveite essa oportunidade para contar uma história para seu filho usando o método descrito no Capítulo 1, "O ciclo da narrativa". Escolha um lugar agradável e um horário conveniente para que não haja interrupções.

Comece relaxando o corpo. Encontre um lugar e uma postura confortáveis. Feche seus olhos, se isso for natural para você. Na escola, normalmente contamos histórias deitados no chão, olhando as nuvens. Coloque seu filho deitado ao seu lado, ou perto. Preste atenção no seu peito subindo e descendo com a respiração. Reconheça seu entorno, mas não se ocupe dele.

Procure um objeto ou atividade que você sabe que seu filho reconhecerá e apodere-se disso como ponte para sua história. Preste atenção se provoca risos, curiosidade, emoção ou qualquer incerteza, desconforto ou tédio. Não importa o que aconteça, deixe passar. Não se apegue a isso. Apenas perceba e esqueça. Mais tarde, veja se seu filho permanece com alguma conexão com a ponte.

EXEMPLO DE HISTÓRIA

Uma aldeia alemã

por Silke Rose West

Criadas no deserto do sudeste americano, eu sabia que minhas filhas teriam uma educação muito diferente da minha, que cresci numa pequena aldeia rural da Alemanha. Uma das formas que usei para manter viva a cultura de nossa família foi contando histórias como esta. Tornei-me a personagem principal, uma garotinha. As histórias eram simples. Conforme as contava, me deparava com muitas memórias gostosas que aqueciam meu coração. Minha família estava longe, minha avó tinha falecido, mas as histórias nos mantiveram conectadas. Este é o presente de uma boa história: ela encanta o narrador tanto quanto o ouvinte. Minhas filhas agora são adultas, mas histórias como essas ainda cativam as crianças da minha escola. "Conta sobre sua aldeia", elas pedem. O que querem dizer é "conta sobre você".

***

Era uma vez uma menininha nascida numa aldeia na Alemanha. Seus pais viviam ocupados com as vacas e os campos, por isso ela passava a maior parte do tempo com os avós, Oma e Opa, que a amavam muito. Toda sexta-feira,

Oma assava pão para o domingo, uma guloseima especial. A garotinha aguardava ansiosa por esse pão, que era doce e delicioso. E toda a família também. Mas, certo dia, Oma não tinha manteiga suficiente em casa para fazer o pão especial.

– O que vou fazer? – perguntou.

A garotinha sabia que a avó teria que assar o pão, então se ofereceu para ir até a mercearia. Ela ainda era pequena e nem sabia ler e escrever, mas tinha idade suficiente para atravessar a pequena aldeia, até a loja. Todo mundo a conhecia. Ela amava conversar e cantarolar e sempre cumprimentava os mais velhos pelo caminho. Oma tinha escrito um bilhete: "meio quilo de manteiga". Ela colocou o bilhete na sacola de pano, juntamente com uma carteira com o dinheiro.

– Lembre-se de correr de volta para casa depois que comprar a manteiga – disse Oma. – Não demore muito.

Oma sabia como a pequenina gostava de conversar e precisava colocar o pão no forno antes que o sino da igreja tocasse o meio-dia.

No caminho para a loja, a garotinha encontrou o homem que fazia relógios de cuco. O senhor amava exibir seus relógios prontos, que eram entalhados como grandes obras de arte. Da porta de seu celeiro, ele acenou para a garotinha e disse:

– Venha ver o último relógio que terminei!

A garota parou por um segundo, então disse:

– Primeiro tenho que correr até a mercearia, mas vejo no caminho de volta para casa!

A mercearia da aldeia tinha um sino especial que tocava para avisar a vendedora que um cliente havia chegado. Afinal, era sua casa e ela tinha dois filhos para cuidar, além da loja. Naquele dia, não havia mais ninguém na mercearia, e a garotinha foi atendida imediatamente.

SEJA VOCÊ MESMO

– Então, é dia de fazer pão e sua avó ficou sem manteiga? – ela perguntou.

– Sim – a garotinha respondeu –, e o dinheiro também está na sacola. – Ela sorriu, sentindo-se muito crescida.

A vendedora, que conhecia muito bem a família da garota, colocou a manteiga na sacola com um recibo e o troco.

– E aqui está uma bala para você – falou. – Diga a sua avó que o tecido novo vai chegar semana que vem.

A garotinha adorava fazer tarefas. Sempre ganhava um agrado e ficava muito orgulhosa de poder fazer compras sozinha, embora tivesse apenas 5 anos.

O homem que fazia relógios de cuco ainda estava esperando na porta do celeiro.

– Olha – ele disse. – Aqui está!

Ele havia colocado o relógio do lado de fora, e a garota deu uma olhada no belo trabalho artesanal.

– Você é muito talentoso! – ela falou. O velho ficou contente. – Agora tenho que correr para a casa de Oma. Vou contar a ela sobre o seu relógio novo!

A garota acenou e correu de volta para o caminho. O velho sorriu. Ele gostava de crianças que paravam para admirar seu trabalho. A maioria dos adultos estava muito ocupada.

Oma acendeu o fogo, tudo estava pronto. Rapidamente, ela pegou a manteiga e misturou com farinha, leite, ovos e fermento. Suas mãos se mexiam com tanta facilidade. Mesmo quando estava usando um avental velho e sujo, para a garotinha, ela parecia uma rainha.

O pão de domingo era muuuuiiiito bom. Nos outros dias da semana, o pão era pesado e escuro, mas a broa de domingo era leve, macia e doce. A garotinha gostava dos domingos – afinal, tinha sido o dia em que ela havia nascido.

3

COMECE SIMPLES, COMECE CEDO

O momento ideal para começar a contar histórias às crianças é por volta dos seus 3 ou 4 anos. Há uma boa razão para iniciar cedo, mas, se você não o fez, não será necessário recuperar o tempo perdido. Por volta dos 5 anos, normalmente, a criança vai ter mais dificuldade para se ajustar a uma mudança repentina ou a um novo ritmo em sua vida. Isso piora se ela estiver acostumada a histórias muito estimulantes, como as do cinema e da televisão. Pode ser muito gratificante começar a contar histórias no primeiro dia de vida de seu filho (ou até mesmo quando ele ainda estiver no útero), mas, aos 3 ou 4 anos, a maioria das crianças ainda está ligada o suficiente aos pais e rapidamente entrará na intimidade da história, mesmo sendo uma experiência nova para elas.

Porém, existe uma razão melhor para começar a contar histórias desde cedo: você. A contação de histórias, do modo como estamos abordando neste livro, tem a ver com o relacionamento entre você e seu filho. Como um iniciante, descobrirá que é mais fácil começar quando seu filho ainda se satisfaz com histórias simples. A prática e a intimidade que você criar nesses anos iniciais fluirão para uma maior complexidade à medida que seu filho for crescendo. Ou seja, sua arte de contar histórias vai amadurecer naturalmente conforme seu filho amadurecer. Além disso, como seu filho estará acostumado à contação de histórias desde cedo, junto com toda a intimidade e conforto, não terá dificuldades em diferenciar isso do tipo de histórias que encontra na TV, nos filmes etc. Provavelmente vai preferi-los em muitas ocasiões. De qualquer modo, não haverá necessidade de comparação, porque tanto você quanto seu filho reconhecerão e sentirão as diferenças.

Histórias para um bebê ou criança bem pequena devem ser bem rápidas e simples. Esconde-esconde é a primeira história de conexão, que diz simplesmente: "Estou vendo você, amo você. Achei você, e você é o presente mais precioso!". Conforme a criança cresce e começa a descobrir seu próprio corpo, a história cresce com ela. Usamos nossas mãos para fingir que um homenzinho está subindo uma montanha (o braço da criança), ele procura um sino (a orelha) e um chocalho (o nariz). Essas histórias de descoberta ajudam a criança a sentir-se contente em seu próprio corpo e a se conectar com o cuidador por intermédio do toque suave. Repetição e frases curtas são a chave. Bate-bate é outro exemplo clássico.

Uma criança que começa a engatinhar, se levantar e explorar seu mundo está pronta para pequenas histórias sobre objetos. *Era uma vez uma pedrinha que pulou para a beirada da mesa, então... glup!, ela caiu na água.* Histórias como essa, quando acompanhadas do movimento da sua mão, do movimento da pedra e do respingo da água, podem ser muito envolventes para pais e criança. De modo geral, ela vai querer ouvir de novo e interpretar ela mesma parte da história.

Por volta dos 2 anos, pode ser incluído um elemento de risco, por exemplo: *um garotinho se afastou de sua mãe e se deparou com uma grande árvore. Olhou atrás dela e o que ele viu? Caramba, um urso! Rapidamente, ele correu de volta para perto da mãe.* Uma criança dessa idade ainda não está pronta para os perigos e narrativas complexas das histórias modernas, então, simplifique.

No terceiro ano de vida, uma criança faz amizades e está pronta para ter algum distanciamento da mãe ou do pai, e a história cresce. Agora a criança que foi até a árvore faz amizade com o urso e, juntos, começam uma pequena jornada: atravessam uma ponte, sobem uma montanha para se deitar num campo ensolarado. Quando o Sol está se preparando para ir dormir, eles descem rapidamente da montanha, atravessam a ponte e chegam em casa em segurança. Com o tempo, adicionamos mais complexidade, mais amigos, mais emoção. Ao se manter envolvido regularmente na contação de histórias, a evolução é natural. Você não terá problemas em ouvir as dicas de seu filho e vice-versa.

Por volta dos 4 anos, às vezes antes, uma criança desperta para os personagens mais complexos e ao desenvolvimento dos enredos que, normalmente, associamos com histórias divertidas. Ela também começa a incluir enredos e personagens em suas brincadeiras cada vez mais sofisticadas e autodirigidas. São esses tipos de histórias que enfatizamos neste livro. Quando bem usadas, essas histórias são algumas das mais potentes ferramentas disponíveis para os pais – para acalmar, divertir, ensinar e muito mais – porque elas tiram sua força do ciclo de intimidade que temos criado há anos.

Aos 4 anos, algo único acontece no desenvolvimento. Psicólogos chamam de "teoria da mente". O experimento clássico utiliza um pequeno teatro de fantoches em um laboratório. Uma criança pequena é levada até uma mesinha onde um membro da equipe usa um fantoche ou uma boneca para colocar um pequeno doce embaixo de uma caixa. "Para mais tarde", pode dizer. Então o fantoche sai de cena. Um segundo fantoche aparece depois disso, pega o doce, coloca a caixa de volta no lugar e sai de cena. Tudo isso acontece sob o olhar atento da criança. Por fim, o primeiro fantoche retorna, mas, antes de pegar a caixa, o membro da equipe pergunta à criança: "O que você acha que ele espera encontrar?". Até os 4 anos de idade, a maioria das crianças responde: "Nada".

Teoria da mente é um jeito complicado de dizer "o ponto de vista de outra pessoa". Crianças pequenas não são completamente capazes de distinguir o ponto de vista de outra pessoa. Elas podem entender que mãe e pai são diferentes, mas ainda não estão totalmente aptas a intuir o que a mãe ou o pai estão pensando, ou que pensam diferente dela. No exemplo anterior, elas não conseguem evitar de atribuir ao primeiro fantoche um conhecimento que ele ainda não tem. Isso muda por volta dos 4 anos, quando o cérebro em desenvolvimento de uma criança assume plena posse dessa notável ferramenta humana. A partir daí, a resposta é: "um doce".

Como adultos, tomamos a teoria da mente como certa, por isso dificilmente reconhecemos como é não ter essa perspectiva. Entramos numa mercearia e imediatamente atribuímos propósitos ao atendente atrás do caixa, ao homem segurando uma maçã na seção de frutas, aos dois homens conversando no corredor, às crianças resmungado atrás deles e ao casal de idosos que agora está se dirigindo para a porta. Cientistas argumentam que alguns animais demonstram uma forma rudimentar de teoria da mente, mas, na comunidade

Histórias são uma das principais maneiras de exercitarmos a teoria da mente.

Histórias são algumas
das mais potentes
ferramentas disponíveis
para os pais – para
acalmar, divertir, ensinar
e muito mais.

científica, não há dúvidas de que os humanos a possuem com nítida sofisticação.

Curiosamente, é também por volta dos 4 anos que os segredos começam a acontecer na mente de uma criança. A maioria das crianças de 2 ou 3 anos prometerá de modo sincero guardar um segredo, então, instantaneamente, se vira e conta à mãe ou ao pai, em geral, com pouca compreensão de que quebrou uma promessa, normalmente para a irritação dos irmãos mais velhos. Mentiras também são mais comuns numa criança de 4 anos do que numa de 3. Todo esse fenômeno surge por causa da teoria da mente, o dispositivo cognitivo usado para calcular o propósito, conhecimento ou perspectiva de outro humano ou animal. Isso faz as histórias ganharem vida com uma complexidade sedutora.

Histórias são uma das principais maneiras de exercitarmos a teoria da mente. Ao seguir diferentes personagens, com pontos de vista distintos, nos treinamos para ver o mundo real através de uma variedade de lentes cada vez maior. Deduzimos um significado que transcende o do protagonista – ou a nós mesmos. Esse é um dos motivos pelos quais as histórias permanecem envolventes para nós, adultos. Naturalmente, buscamos enredos e personagens cada vez mais ricos, porque isso nos dá perspectiva.

É importante lembrar que a idade de 4 anos é apenas uma referência, assim como são todas as recomendações de idades neste capítulo. Algumas crianças se desenvolvem um pouco mais cedo, outras, um pouco mais tarde. Usar a idade de 4 anos como um marco, no entanto, nos ajuda a compreender por que criar uma rotina de contação de histórias por volta dos 3 ou 4 anos leva mais facilmente a uma jornada de contação de histórias bem-sucedida com seu filho. Se você perdeu os primeiros anos, não terá muitos problemas para recuperar o atraso quando ele tiver 4 anos. Mas uma criança de 5 ou 6 anos é um animalzinho sofisticado, mais difícil de capturar.

Se está lendo este livro e seu filho já tem 5 anos ou mais, não se preocupe. Você ainda tem anos de histórias pela frente. Mas, nesse caso, você deve estar preparado para fazer uma captura mais ousada. Aconselhamos duas coisas. Primeiro, revisite o Capítulo 2, "Seja você mesmo". Assim como introduzir qualquer outra rotina nova para seu filho, contar histórias vai necessitar, no início, de um pouco de coragem. Você vai superar melhor essa mudança não fingindo ser o que não é, mas sentindo-se seguro de ser você mesmo. Segundo, dê uma olhada no Capítulo 5, "Porcas e parafusos". É onde descrevemos algumas das principais práticas para fazer as histórias se destacarem e brilharem.

Por volta dos 6 anos de uma criança, um perigo real pode ser introduzido. Essa é a idade dos contos de fadas, de bruxas comendo crianças e monstros em florestas. Antes disso, geralmente é muito aterrorizante lutar sozinho contra a bruxa ou o monstro. Agora a criança pode estar pronta, com uma ajudinha de um amigo da floresta, talvez um ratinho que tenha alimentado ao longo do caminho. Algumas crianças mergulham direto em histórias como essas, porém, muitas têm medo, assim como temem os desafios que vêm com o crescimento. Histórias podem ser uma boa forma de encarar esses desafios e ajudar uma criança a confiar que tudo vai acabar bem.

Em resumo, sugerimos iniciar a contação de histórias o mais cedo possível, mesmo antes de uma criança começar a reconhecer palavras. Isso ajuda a definir o tom para seu filho, porém, mais importante, para *você*. Dessa forma, sua arte se desenvolve juntamente com seu filho. Na infância, as histórias giram em torno do próprio corpo da criança. À medida que ela se desenvolve, as histórias passam para os objetos simples ao seu alcance. Pegando dicas de temas com os nossos próprios filhos, lentamente progredimos para histórias unindo mãe, pai e criança, depois só com a criança e um amigo, até que por volta de 4 anos ela está pronta para aventuras complexas com múltiplos personagens e eventuais riscos. Se seguirmos essa progressão com a criança, estaremos perfeitamente confortáveis em contar histórias cada vez mais sofisticadas. A intimidade que geramos ao longo do caminho fará com que valha a pena, e nosso filho não hesitará em deitar-se em nossos braços e ouvir uma história, mesmo se estiver chegando na adolescência.

······················ **EXERCÍCIO #4** ······················

Plenitude

Neste exercício, pedimos que você explore o mundo através dos olhos de uma criança de 3 anos que ainda não desenvolveu a multiperspectiva "teoria da mente". Nessa história, a criança vê tudo como parte de si mesma – sua mãe, seu pai, o rio, o Sol. A criança sente a alegria de uma flor ou a tristeza de uma tempestade como se fossem seu próprio corpo. Se seu filho for mais velho, talvez você precise desenvolver uma história sobre essa criança curiosa que não consegue diferenciar entre si mesma e o restante do mundo. Se seu filho for muito pequeno, talvez você possa contar baixinho, enquanto ele adormece. De qualquer modo, tente abrir sua mente ao que seria experimentar o mundo em plenitude em seu próprio ser.

EXEMPLO DE HISTÓRIA

Primeiro passeio do ursinho
por Silke Rose West

Histórias de ursinhos são uma das maneiras mais comuns dos pais começarem a contá-las. Poderia ser tranquilamente uma pequena raposa ou um esquilinho, mas séculos de narrativas revelam uma particular inclinação da natureza humana para o ursinho. A história a seguir é indicada para uma criança de 2 ou 3 anos de idade.

* * *

Era uma vez uma Mamãe Urso. Ela vivia numa caverna perto de uma grande montanha. Papai Urso tinha ido pescar. Era primavera e muitos peixes nadavam no rio. Mamãe Urso estava esperando para dar à luz a seu filhote e, assim que o viu, ficou superalegre e lambeu seu pelo até ele ficar limpo e seco.

Quando Papai Urso voltou, viu o lindo filhote e deu um grande abraço em Mamãe Urso, entregando a ela um grande peixe. Mamãe Urso precisava comer muito para poder alimentar seu filhotinho.

Certo dia, Papai Urso saiu e ia demorar muito, e o filhote já tinha crescido o suficiente para conhecer o caminho até o rio. Saiu pela trilha, mas esqueceu de avisar a Mamãe Urso aonde estava indo. De repente, Ursinho percebeu que estava perdido e começou a chorar. Uma borboleta chegou, pousou em seu nariz, e ele logo se animou. Acima, na árvore, estava uma velha coruja, que se assustou com o choro do Ursinho.

– Calma, calma, o que houve? – perguntou a Coruja.

– Estou procurando Papai Urso – respondeu Ursinho –, mas não consigo encontrar e não sei como voltar para casa.

– Ah, Ursinho bobinho – disse a Coruja –, sua Mamãe Urso sabe exatamente onde você está.

Ursinho se virou, e lá estava Mamãe Urso com um olhar compreensivo. Ela tinha seguido Ursinho em silêncio, sem fazer qualquer barulho. Ursinho gritou logo:

– Eu só queria achar Papai Urso!

– Eu sei, ali vem ele – disse Mamãe.

Papai Urso subia a trilha vindo do rio com uma enorme truta na boca. Eles deram um grande abraço de urso e compartilharam o peixe delicioso.

– Posso ir com você na próxima vez? – perguntou Ursinho.

– Vamos ver – disse Papai Urso. – É preciso muita paciência.

– Talvez nós três possamos ir juntos – ofereceu Mamãe Urso.

Ursinho sorriu. A borboleta voou ao redor da família feliz, e a coruja piou um boa-noite, mesmo sendo meio-dia.

Fim.

4

ESTABELEÇA UM RITMO

Contar histórias requer prática. Não tem a ver com fazer do modo certo; tem a ver com fazer regularmente, e então ajustar o que funciona para você e seu filho. Neste capítulo abordamos diversos tópicos diferentes relacionados ao tempo.

O primeiro é estabelecer uma prática diária, semanal ou periódica. Escolha um cronograma realista. Como iniciante, isso vai lhe ajudar a se manter comprometido. À medida que sua arte se desenvolve, seu ritmo fará 80% do trabalho porque você e seu filho estarão prontos no lugar e hora conhecidos, preparados para a história. A hora de dormir é uma escolha óbvia. Na escola, contamos histórias após o almoço. Pais que trabalham podem achar mais fácil contar uma história aos sábados ou nas manhãs de domingo.

Independentemente da hora, é útil estabelecer um lugar especial de contação de histórias, talvez sob uma árvore, em um sofá ou numa cama. Também pode ser bom ter uma rotina, como escovar os dentes e colocar o pijama antes de uma história na hora de dormir. Isso ajuda a criança a se preparar. Mais importante ainda é usar uma pequena frase ou música no início – e no final – de cada história. Há um motivo pelo qual muitas histórias para

À medida que sua arte
se desenvolve, seu ritmo
fará 80% do trabalho
para você.

crianças comecem com "Era uma vez...". Prepara o palco. Com o tempo, um contador de histórias experiente pode chamar seus filhos para o mundo das histórias com tanta facilidade quanto Pavlov[1] podia despertar o apetite em seus cães com um apito. Dessa forma, as rotinas que estabelecemos se colocam como pontes para o mundo das histórias.

Uma deixa verbal ou o estabelecimento de um ritual pode ser de especial importância em ambientes desconhecidos, como aeroportos, carros ou até em situações traumáticas e perigosas. Às vezes, a ansiedade ou o medo de uma criança precisa de redirecionamento. Contar uma história pode ser uma excelente forma de introduzir o aconchego e a intimidade de casa em situações difíceis e tirar a atenção de eventos estressantes. Uma criança tranquila é igual a pais tranquilos, e uma boa história pode ser quase um salva-vidas em determinadas situações. Se você já ficou ansioso com seu filho após um pesadelo, um ferimento ou um acidente de carro, talvez tenha uma noção disso. Uma história tem a capacidade de chamar nossa atenção e mantê-la em um lugar seguro para que não fiquemos revivendo infinitamente o trauma. Usando uma deixa verbal regular, ajudamos a trazer a criança rapidamente para um lugar de conforto, em geral, de modo até mais rápido do que apenas começar a contar a história. Como alcançamos isso? Prática regular.

Uma professora conhecida nossa canta uma música bem curtinha sobre marinheiros entrando em um barco e saindo para navegar. Não dura mais que vinte segundos, mas prepara um belo palco para a história enquanto nós, os ouvintes, imaginamos os marinheiros entrando no barco e seguindo para o mar

---

[1] Ivan Pavlov foi um médico russo do início do século 20 que treinou seus cachorros para sentirem fome quando ouvissem um apito. (N. da T.)

aberto. A melodia nos leva para lá. Depois, a história começa. Ao final, ela repete um antigo fechamento: "Colorim, Colorado, este conto está terminado", uma alternativa para o "e foram felizes para sempre".

Silke tem diversos métodos introdutórios, porém, geralmente usa o clássico "Era uma vez...". Ela também tem uma música muito antiquada sobre macacos mascando tabaco e patos fazendo *quac-quac-quac*, que é tão politicamente incorreta, que chama a atenção de todos.

Joe, como muitos pais, é um pouco mais sarcástico. Ele costuma iniciar suas histórias com uma frase simples e um encolher de ombros. "Tudo bem, eu conto uma história. Mas vocês não podem gostar dela. Sem risos."

Independentemente do que escolher, encontre algo que lhe pareça natural. Há muito espaço para variações. Simplicidade é a regra. Se você for consistente, descobrirá que uma frase de três palavras ou até uma melodia breve ou um tom podem, rapidamente, preparar o palco. Se não acredita, pense no que o tremor ou o toque de seu telefone faz com seu estado de espírito numa questão de segundos.

Alguns pais acham que não têm tempo suficiente para contar histórias. A vida já é cheia até a raiz dos cabelos. Não há possibilidade de acrescentar uma coisa a mais. Todos nós enfrentamos esses desafios, mas quando reconhecemos que contar histórias é uma ferramenta que constrói intimidade e inspira brincadeiras produtivas, descobrimos que é uma estratégia para economizar tempo, não para gastá-lo.

Contar histórias cria intimidade (o que significa harmonia), liberando muito do tempo que seria gasto barganhando ou administrando comportamentos difíceis.

Temos visto isso funcionar tantas vezes, tanto em casa como na escola, que não conseguimos enfatizar o suficiente: contar histórias cria intimidade (o que significa harmonia), liberando muito do tempo que seria gasto barganhando ou administrando comportamentos difíceis.

Momentos de transição, como a hora de aprontar o filho para a escola ou de chegar em casa, vindo do trabalho, são, em particular, eventos estressantes nos dias de hoje. Nessas horas, em geral, os pais têm tanta coisa na cabeça que a atenção distraída dada aos filhos às vezes os levam à irritação, ao mau comportamento ou aos acessos de raiva. Contar uma rápida história nesses momentos pode ser uma maneira incrivelmente útil de juntar a família e, às vezes, leva só cinco minutos. Acolher uma criança durante apenas cinco minutos, com sua total presença e concentração, pouco depois de entrar em casa após um dia de trabalho pode substituir os trinta, sessenta minutos que, de outra forma, levaríamos para assentar e nos conectar com eles. Pode também nos ajudar a desligar e relaxar. Depois disso, em geral, uma criança volta às suas tarefas mais rápido, deixando os pais com as deles. Todos se sentem vistos, e a casa inteira respira mais fácil.

E a hora de deixar a criança ou de ir buscá-la na escola ou na casa de amigos? Alguma vez já encarou o desafio de colocar seu filho no carro? E se houvesse uma história especial que você só contasse quando os dois estivessem dentro do carro? Poderia ser algo que só vocês dois soubessem – um segredo! –, uma aventura contínua, narrada lentamente ao longo de diversas semanas, dois minutinhos de cada vez. Histórias assim dão à criança algo pelo que esperar, ao invés de ver aquele momento apenas como o fim da hora de brincar, e substitui brinquedos ou doces usados como subornos por algo real: intimidade e conexão.

Uma história é uma boa ponte nessas ocasiões porque retira o foco de perguntas protocolares como *O que você fez na escola (ou no trabalho) hoje?* e transforma o momento num compartilhamento. A verdade é que nem sempre queremos relembrar o que aconteceu mais cedo. Agora queremos criar intimidade. Para muitas crianças e adultos não é fácil encarar alguém chegando e oferecendo atenção de modo tão direto. Gostamos disso de um jeito um pouco mais lento, mais suave, comendo um pouco pelas beiradas. Contar histórias é como embrulhar seu jeito de receber as pessoas em um balão grande e fofo. Se tivermos uma rotina estabelecida, momentos de transição estressantes podem se tornar profundamente restauradores. Dessa forma, contar histórias não vai soar como mais uma coisa que você precisa fazer.

••••••••••••••••••• **EXERCÍCIO #5** •••••••••••••••••••

Era uma vez

Escolha uma frase, música ou ritual para começar sua próxima história. Certifique-se de que seja algo simples e fácil de ser lembrado. Você também pode experimentar contar histórias em diferentes horas do dia e em lugares diferentes para ver o que funciona melhor. Não há receita perfeita, mas tente dar um pouco de atenção às formas que usa para começar e terminar suas histórias. Você pode descobrir que isso também o ajuda, e não apenas a criança, a entrar em um estado mental calmo e receptivo. Preste atenção ao que funciona. Esqueça o que não funciona.

••••••••••••••••••••• **EXERCÍCIO #6** •••••••••••••••••••••

O grande problema

Da próxima vez que acontecer uma situação estressante em casa, tente contar uma história. Será preciso um pouco de coragem. Mas, antes que tudo desmorone, balance os braços e chame a atenção de todos. Depois, simplesmente comece a contar. Você nem precisa saber para onde ela vai seguir. Se puder se lembrar, puxe para sua história uma ou duas pontes que todos reconheçam, mas tudo bem se sua história não tiver nada a ver com o momento. Dois ou três minutos: é o tempo que leva para nossos pulmões e coração se acalmarem. A história não resolve o conflito; ela cria intimidade. Intimidade compartilhada é uma influência positiva que pode ajudar as pessoas a deixar um pouco de lado seus argumentos, de modo que possam voltar e resolver o conflito com mais facilidade. Nessas circunstâncias, histórias muito ruins e desajeitadas são particularmente úteis. São tão ruins que chegam ao ridículo. Rir, mesmo quando você não quer, é restaurador. Se tem uma criança que está começando a ter acessos de raiva, tente isso. Se tem uma esposa ou marido que chega em casa com os olhos vidrados, tente isso. Histórias fornecem um lugar de encontro, não uma zona para esmiuçar o conflito.

••

EXEMPLO DE HISTÓRIA

A tartaruga que não queria carregar sua casa

por Silke Rose West

— Professora, tô cansado! Não quero carregar minha mochila! — reclamou o menino de 4 anos. Normalmente ele faz isso às segundas-feiras, quando volta para a escola. Estávamos indo em direção ao Happy Canyon, mas, naquele dia, o caminho estava difícil para todas as crianças. O céu estava escuro e o ar frio, mas eu sabia que ele precisava apenas de um pouco de atenção para ser capaz de caminhar. Paramos numa pequena árvore cercada de lama e neve.
— Atenção: sentem-se, crianças, e ouçam — eu falei. — Já ouviram a história da tartaruga que não queria carregar sua casa nas costas?
De minha parte, eu nunca tinha ouvido, ainda assim, comecei a ver a história se desenrolar em frente aos meus olhos. As crianças olharam para mim, um pouco curiosas, felizes em dar uma parada.

* * *

Era uma vez, uma tartaruguinha que andava atrás da mãe tartaruga. Ela estava cansada de ser tartaruga e ter que carregar a casa nas costas.

– Mãe – ela disse –, não quero ser uma tartaruga. Por que não posso ser um cervo ou um gambá? Eu não teria que carregar esse peso enorme. Poderia simplesmente ir para o bosque e correr livremente.

– Ah, minha querida – respondeu a mãe tartaruga –, com o tempo você vai entender. Quer ver algo grande, feroz e perigoso?

O garotinho que havia reclamado da mochila amava lutar com monstros imaginários e ser visto como um guerreiro feroz e astuto.

– Ah, sim – respondeu a tartaruguinha.

– Bem – disse a mãe –, só posso levar você até lá se carregar sua casa nas costas.

– Tudo bem – concordou a tartaruguinha e, lentamente, seguiu sua mãe até o lugar onde rosnavam linces. A mãe não tinha medo deles. Já os tinha encontrado muitas vezes antes e sabia que seu casco funcionava como grande proteção.

Firme e confiante, ela liderou o caminho, e a tartaruguinha correndo atrás dela. O lince, nesse meio tempo, ficou animado para comer um pouco de carne de tartaruga e se lançou sobre a mãe tartaruga assim que a viu. Rapidamente, ela escondeu sua cabeça e pernas dentro da casa e esperou pacientemente. A tartaruguinha seguiu o exemplo da mãe e, embora o lince tenha atacado a tartaruguinha, e até a lançado no ar, a pequena estava em segurança. A língua do lince tocou o nariz da tartaruguinha, mas nenhum dente conseguiu penetrar no casco duro.

– Estou tão feliz por ter minha casa para me proteger! – ela disse.

O lince gritou:

– Bem, eu nem gosto de carne de tartaruga mesmo. Vou caçar um cervo ou um gambá. Eles não têm cascos ridículos e tão duros!

Após um rápido silêncio, a tartaruguinha colocou a cabeça para fora e disse para a mãe:

– Que bom que tenho uma casa para me proteger, ainda que tenha que carregá-la!

– Eu sei, minha pequenina. Eu também!

* * *

Essa pequena história nos deu um tempo para descansar e redirecionou nossa atenção de uma forma amorosa e solidária. O garotinho não foi chamado à atenção na frente dos colegas e ainda sentiu-se compreendido. Depois disso, continuamos andando sem nenhuma reclamação. A reclamação, a caminhada, a mochila – essas foram as pontes para nossa história. Como as crianças estavam acostumadas a histórias nessas e em outras situações, quando terminei de falar "Já ouviram a história da...", eu já tinha a atenção de todo mundo, sem ter que pedir.

Animais podem ser maravilhosos assistentes nessas histórias. Eles ajudam a criança a manter uma distância segura e a não se sentir ameaçada. Se a ligação da história for direta demais, como "Era uma vez um garoto que não queria levar sua mochila", a criança pode sentir-se pressionada e não ouvir livremente. O fim da história fornece um desfecho feliz que ajuda o ouvinte a sentir-se motivado com a tarefa difícil, que antes era um obstáculo. Esse é o ciclo narrativo: uma situação real, que levou a uma história imaginária, que ajudou a dar novo significado e propósito à realidade.

5
PORCAS E PARAFUSOS

Esperamos que você esteja com a confiança em sua habilidade de contador de história renovada. É algo que está bem dentro de você. É seu direito como ser humano. E, assim como não há motivo para parar de andar porque alguém venceu a Maratona de Boston, não há razão para deixar de contar histórias simplesmente porque alguém fez um filme com uma história de sucesso. O objetivo não é um emprego na Pixar; é uma conexão com seu filho.

Agora que você já colocou sua contação de histórias de pé, neste capítulo vamos apresentar uma série de ferramentas clássicas para criar boas histórias. Para deixar você com algumas dicas úteis, dividimos este capítulo em quatro seções: um grande mundo cheio de pequenas coisas; cor, forma e textura; fantoches e adereços; e desenvolvendo um tema. Exercícios práticos são propostos em cada seção, e um exemplo de história ao final, para amarrar tudo.

UM GRANDE MUNDO CHEIO DE PEQUENAS COISAS

Uma das técnicas de contação de histórias mais bem-sucedida de todos os tempos é encher pequenos objetos corriqueiros com operadores minúsculos. Encontramos isso em contos clássicos como *O sapateiro e os duendes; Querida, encolhi as crianças; As viagens de Gulliver; Horton e o mundo dos Quem* e incontáveis outros. (A história do Capítulo 1, com o gnomo no tubo de metal, também é um bom exemplo.) Fadas, elfos e trolls enchem as páginas da literatura clássica e hoje estão vivenciando um renascimento. Junto com a personificação de pequenos animais, seres pequeninos em um mundo maior do que a vida representam uma enorme riqueza da literatura para crianças. Use isso a seu favor.

Nem todo mundo, no entanto, gosta de fadas. A ênfase desta seção, assim como deste livro, é ajudar a chamar a atenção de uma criança para determinado objeto ou situação para que descubra sua imaginação e criatividade nele. Uma das formas mais seguras de fazer isso é contar a história de um pequeno gnomo que vive no interior de uma pedra – aquela pedra – e então descrever como é lá dentro. Mas podemos também facilmente contar uma história sobre formigas que acordam e vão patinar no inverno. Bactérias são conhecidas por deslizar nas cascas de uma laranja, e a história de uma sequência de RNA que deu errado não é muito diferente de *O aprendiz de feiticeiro*. Se somos religiosos, podemos encontrar pequenos anjos (ou demônios) em todo tipo de coisas.

Seja qual for o seu olhar, ao manter a história em um objeto ou lugar identificável, o ciclo narrativo nos dá uma oportunidade de direcionar o foco de uma criança e ajudá-la a aprender. Uma criança fascinada pelos trabalhos de homenzinhos numa pedra não apenas se divertirá com a história, mas também descobrirá muitas coisas reais sobre aquela pedra de verdade. Uma história sobre pessoinhas de água que se juntam em nuvens e depois caem em forma de chuva para serem evaporadas e "elevaporadas" de volta para o céu pode ser uma forma mais envolvente de ensinar à criança sobre o ciclo da água do que uma lição factual. Um contador de histórias talentoso pode usar essa estratégia simples para direcionar a atenção de uma criança e despertar sua curiosidade sobre quase qualquer coisa.

EXERCÍCIO #7

Encontre algo pequeno e faça-o grande

Neste exercício, convidamos você a encontrar um objeto pequeno ou médio. Isso será a ponte em sua história, por isso escolha algo que seu filho irá reconhecer. O desafio é descrever como ele é por dentro ou, numa estranha mudança de escala, como é descrito por minúsculas pessoas, fadas, insetos, e por aí vai, que vivem em seu interior. Um exemplo pode ser um globo que, para um pequeno inseto, realmente é o mundo todo. Ele pode sair navegando. Pode ser sua TV e o que os personagens dos programas fazem lá dentro quando você desliga. Pode ser um ratinho na cristaleira, ou um esquilo num tronco de árvore.

COR, FORMA E TEXTURA

Uma história ganha vida quando é cheia de cores, cheiros, sons e texturas. A linguagem descritiva ajuda a atrair e manter a atenção de sua audiência.

Na conclusão de seu livro *On the Origin of Stories*, o teórico evolucionista Brian Boyd enfatiza a importância que a atenção desempenhou ao longo da evolução humana. Como criaturas sociais, ele diz, estamos constantemente competindo pela atenção uns dos outros de formas sutis e grosseiras. Aqueles que conseguem mais atenção tendem a ser socialmente dominantes. Mas domínio social (em outras palavras, respeito) é mais charme do que força, e podemos usar isso a nosso favor. Surpresa, cor, ação, mudança de ritmo e mudanças repentinas numa história se tornam maneiras importantes, não apenas de atrair, mas também de manter, a atenção de uma pessoa.

Ao contar uma história, você está permitindo que a criança passeie por sua própria imaginação.

Uma história escrita se torna suspeita quando todas as frases começam com "*de repente*". O mesmo não acontece no caso da contação oral. Para criar histórias envolventes, precisamos renovar constantemente a atenção de nossa audiência. Isso quer dizer que precisamos de ação e que coisas inusitadas aconteçam. Em um mundo onde pais estão competindo com as habilidades narrativas de diretores de cinema e de desenhos animados, nossas histórias precisam ter um toque especial. Felizmente, a imaginação torna isso mais fácil.

Ao contar uma história, você está permitindo que a criança passeie por sua própria imaginação. Ao lhe dar cores, sabores e texturas, a história – e a imaginação da criança – se torna mais rica, um lugar mais atraente. Se seu personagem pisa em um rio, pare um instante e diga se a água está fria ou quente, mas não demore demais em descrições extravagantes. Mude o ritmo. Antecipe a emoção de seu personagem ao molhar os dedos, depois as canelas, os joelhos, as coxas, a cintura, o momento doloroso em que a água passa do umbigo e alcança os ombros, o pescoço, a boca, nariz, olhos, testa... *Caramba! Será que ele vai chegar lá? Ele está submerso!*

Ao descrever momentos assim, ou mudar as coisas de modo repentino, em conjunto com as cores e os sons, damos à criança uma chance de mergulhar totalmente em seu próprio mundo da imaginação. E, por causa do ciclo narrativo, damos a ela uma oportunidade posterior: de trazer aquela emoção e imaginação para o mundo real.

EXERCÍCIO #8

Entre na caverna

Cavernas aparecem com destaque em muitas histórias. Elas representam algo escuro e misterioso. Encontre uma ponte em um personagem, situação ou lugar. Leve seu personagem para dentro da caverna e deixe tudo ficar escuro. Lá, bem no fundo, perto do final, existe uma luzinha. Pode ter algum som. Ande na direção dela. De repente, você vai descobrir que tudo está iluminado. Descreva em detalhes tudo o que vê. Se for assustador, certifique-se de ter alguma resolução. Se for belo, pare um pouco para apreciar. Independentemente do que acontecer, leve seu personagem de volta à luz do dia quando terminar a aventura.

FANTOCHES E ADEREÇOS

A questão dos fantoches vale um livro. Infelizmente, a maior parte dos livros sobre o assunto ensina a fazer fantoches, não a usá-los para contar histórias. A maioria é para especialistas. Nosso objetivo não é ajudar você a criar um elaborado teatro de fantoches. É auxiliar os novatos a descobrir fantoches em objetos comuns, que provavelmente você já tem em casa.

Um fantoche pode ser algo tão simples quanto uma bonequinha ou um carrinho de brinquedo. Em suas mãos, ele pode explorar o peitoril da janela ou uma gaveta cheia de tralhas através do olhar do personagem. Algumas pessoas acham mais fácil contar uma história se assumirem a personagem do fantoche. (Se esse não é o seu caso, sinta-se à vontade para pular esta seção.) Você pode contar a história a partir da perspectiva do fantoche, com a voz dele, o que tira de seus ombros um pouco da pressão. Até uma cenoura pode ser um fantoche, talvez andando pela toalha de piquenique, buscando algo gostoso para comer. Ao manter o ciclo narrativo, o próprio fantoche se torna o elo com o mundo real, dando à criança uma oportunidade de pegar o personagem em suas mãos quando a história terminar. Uma criança que acabou de ver seu brinquedo predileto fuçando o interior de uma gaveta pode sair correndo com ele para descobrir o que tem debaixo do sofá.

Esses tipos de "fantoches de mesa" normalmente surgem em momentos espontâneos, mas podem ser usados de forma mais intencional. Por exemplo, duas bonecas podem ser colocadas sobre uma mesa com algumas pedras ou objetos para representar um lago, uma árvore e uma casa. Conforme você conta a história, as bonecas representam, talvez andando até o lago onde conhecem um pato legal. Ao final, todo o cenário pode ser entregue à criança, que vai repetir a história com novos elementos e, talvez, novos personagens. Dessa forma, você está usando ativamente brinquedos, fantoches e acessórios como âncoras em sua história. Quando os entrega ao seu filho, está lhe dando algo mais do que uma coleção de brinquedos. Está dando uma história criativa que o ajuda a se envolver. Se tem um filho que está reclamando de tédio, ou com dificuldades para encontrar alguma coisa para fazer, esse é o tipo de história que pode ser útil.

Um fantoche de meia também pode ser bem fácil de usar para quem está começando. Tudo o que precisa fazer é colocar uma meia velha em sua mão e desenhar dois olhos. Pode começar fazendo sons simples como *ahhh* e *ohhhh*, acompanhando o abrir e fechar da boca do fantoche. Só isso já fará todos rirem, inclusive os adultos. Então, quando estiver pronto, pode dar uma voz ao fantoche e deixar que ele comece a falar.

Crianças pequenas são fascinadas por fantoches porque não perdem tempo duvidando de que sejam reais. Elas fazem uma conexão imediata com essa "terceira pessoa", enquanto você, o contador de histórias, começa a desaparecer. Este é o segredo de um bom titereiro – *se fazer desaparecer* –, e é o que faz os fantoches, em especial os mais simples, serem tão úteis para um contador de histórias iniciante. O fantoche assume o foco, aliviando a pressão sobre o narrador e deixando mais confortáveis aqueles que se sentem um pouco tímidos para contar histórias.

Imagine um fantoche como um amiguinho que veio brincar com seu filho, ou uma avó que veio de longe para uma visita. Pode ser uma enorme variedade de personagens. Talvez seja o fantoche de um cachorro que representa o cãozinho que seu filho sempre desejou. "Au, au", diz o cachorro. "Me sinto uma meia velha." A criança ri. "Queria ter orelhas e um rabo."

Hum..., você pode dizer para a criança com sua própria voz, *talvez possamos fazer!* Então o cachorro leva vocês até uma pilha de retalhos, e você costura duas orelhas acima dos olhos do fantoche. "Au, au", diz o cão, "Me sinto bem melhor! Agora, que tal uma língua?".

Quando se usa fantoches, pode ser uma boa ideia fazer pausas durante a contação de uma história. Uma criança naturalmente se tornará um participante ativo e responderá perguntas do seu fantoche, como: "Você tem um cachorro?". Se a criança responder que não, o fantoche pode responder: "Queria ter uma criança para passear comigo todos os dias e me ensinar truques como pular corda! Então eu iria com minha criança para o circo e – au, au! – faríamos todos rirem e baterem palmas. Ia ser divertido!". A história pode ser dirigida pela criança, que iniciará um diálogo espontâneo com o fantoche. Isso também ajuda o pai ou contador de histórias, pois apenas precisa responder as pistas que a criança dá.

Um contador de histórias também tem a chance de usar um fantoche como mediador em situações difíceis. Vamos continuar, por enquanto, com o fantoche do cachorro e imaginar uma criança que tenha medo de cães. "Olá", o fantoche-cachorro pode dizer, "meu nome é Soneca, o cachorro. Qual é o seu nome? Eu sou um cachorro bonzinho, mas tenho um pouco de medo de crianças. Você é bonzinho? Promete que não vai puxar meu rabo? Ops, eu nem tenho um rabo! Queria brincar de pegar, e você? Quer ouvir minha história sobre o menino que puxou meu rabo e como eu o perdi?". Isso dá à criança uma oportunidade de se expressar e trabalhar algumas de suas questões em um ambiente seguro. Esse tipo de mediador pode ser muito útil quando uma criança está com raiva de um dos pais, ou não quer escutar. Mande o Soneca.

Contar histórias é algo que está bem dentro de você. É seu direito como ser humano.

Quando uma história terminar, pode ser uma boa ideia deixar o fantoche dizer: "Agora tenho que ir embora, mas prometo que volto". Com os fantoches de mesa descritos no início desta seção, sugerimos entregar a bonequinha ou qualquer que seja o adereço usado para a criança brincar depois. Isso funciona bem para esse tipo de fantoche, mas a desaparição mágica de um fantoche de mão pode dar a ele mais personalidade com o tempo. Dessa forma, ele não se tornará apenas um outro brinquedo, mas um personagem e um assistente do contador de histórias. O principal aqui é que aquele fantoche esteja em seu poder, não no do seu filho.

Imagine que no dia seguinte seu filho esteja enrolando para se arrumar para ir à escola. Você pode pedir que se apresse "porque o Soneca está acordado, esperando no carro e gostaria de ir com você até a escola. Talvez ele até conte uma história no caminho". Quando, finalmente, vocês entram no carro, o Soneca já sabe tudo o que aconteceu anteriormente. Ele estava um pouco preocupado se vocês viriam hoje. Estava esperando por vocês. Quando seu filho se despede de você e do Soneca na porta da escola, passa a ter algo pelo que ansiar na hora da volta.

Se seu filho ama brincar com o fantoche, você pode se oferecer para fazer um para ele. Então, cada um tem o seu, e os fantoches podem contar histórias um para o outro ou sair em aventuras. Você também pode usar uma caixa para fazer um teatro de fantoches simples, e criarem pequenas encenações um para o outro. Uma musiquinha para começar a peça, talvez ingressos para a audiência... Você até pode começar uma coleção de fantoches e fazer teatros com personagens diferentes. Fantoches de mão estão disponíveis na maioria das lojas de brinquedos, mas sugerimos que não os compre com seu filho. É melhor quando são apresentados por você como um personagem. Isso mantém viva a mágica da contação de histórias.

E lembre-se, fantoches que aparecem ou se escondem em um lugar especial são mais fortes. Se simplesmente se tornarem parte da coleção de brinquedos de seu filho, tenderão a perder valor. Por quê? Porque o fantoche é uma ferramenta para a *sua* contação de história.

Silke é uma criadora de bonecos. Ela tem uma mala lotada de dragões, reis, avós, policiais, meninos, meninas, lulas, pássaros e uma coleção de outros personagens feitos de madeira, tecido, feltro, arame, sementes, lã, malha e muitos outros materiais. Essa é a mala de fantoches da Silke, e ela já viajou o mundo. As crianças a reconhecem, e, sempre que aparece, a mala tem uma presença especial por si só. Um contador de histórias iniciante provavelmente não levará o uso de fantoches a esse nível, mas esperamos que esta seção dê a você algumas ideias que possam ser usadas de imediato. Se estiver interessado em se aprofundar no assunto, há uma variedade de livros disponíveis, especificamente sobre fantoches.

Marionetes de seda ou de outro tecido são também uma maneira fácil de fazer fantoches, e eles ganham uma característica angelical maravilhosa. São particularmente encantadores na hora de dormir, se você desligar a luz e acender uma vela. A marionete pode cantar uma cantiga de ninar e contar uma história simples que ajude seu filho a se acalmar e adormecer feliz. Talvez o fantoche venha para recolher quaisquer preocupações do dia e dizer às fadas dos sonhos que está na hora de chegarem. Essas marionetes são fáceis de fazer com um quadrado de seda ou de outro tecido. Dobre o quadrado na diagonal formando um triângulo, faça uma cabeça no centro da dobra com um pouco de enchimento e amarre. Então faça um nó menor em cada ponta, formando as mãos. Três fios presos à cabeça e aos dois braços é tudo de que você precisa para mover esse fantoche com realismo mágico.

Vamos terminar esta seção com uma última ideia de fantoche. Randolfo é um boneco feito de tricô, mais ou menos do tamanho deste livro. Na mão, ele ri para as crianças enquanto olha o buraco em seu pé. "Ah, minha criadora foi um pouco desleixada nos pontos quando me fez, mas eu não ligo!", diz. "Não tenho medo de ficar rasgado ou sujo. E, olha, achei alguns pincéis!" Ele é um pouco travesso. Randolfo pega um pincel com a mão, escolhe sua cor predileta e dança com o pincel sobre um papel. "É como usar uma vassoura!", ele diz. Randolfo está encantado. As crianças estão encantadas. Pintar se transforma numa história.

EXERCÍCIO #9

Mude sua voz

Este exercício requer um pouco de coragem. Pegue um boneco ou um objeto – qualquer coisa, pode até ser uma maçã – que, para você, signifique de alguma maneira uma personalidade diferente da sua. Então faça o objeto contar uma história para seu filho. Se você é uma pessoa alegre, pode pegar uma banana triste que não se alegra com nada. Se você for moderado, talvez encontre um carro de corrida que goste de correr riscos. Seja o que for, permita que o personagem tire um pouco da pressão que você talvez sinta normalmente. Não é sua história. É a história do personagem.

DESENVOLVENDO UM TEMA

Um contador de histórias experiente normalmente tem um ou mais temas aos quais recorrer, seja um personagem recorrente que já viveu diversas aventuras no passado, seja um ambiente, como um castelo ou uma aldeia, ou seja aquela série de regras para fadas e gnomos que se espera em determinados tipos de história. Ao entrar diretamente em um desses temas, às vezes tomamos um atalho para o mundo das histórias. Podemos também desenvolver uma riqueza ou sutileza que seria difícil alcançar em uma única narrativa. Da mesma forma, um tema utilizado em demasia tende a se desgastar. Uma boa dica é misturá-los.

O mais comum é um contador de histórias desenvolver um tema a partir de uma história particularmente boa. De modo geral, é mais fácil usar os mesmos personagens em uma nova aventura, e, após algumas narrativas, normalmente já temos um cenário principal e as "regras" básicas da história. Desse jeito criamos um tema quase sem perceber. Temas, geralmente, representam valores arraigados, como ilustrado no exemplo a seguir.

Quando nós dois começamos a contar histórias juntos, descobrimos um contratempo engraçado. Silke amava contar histórias sobre reis e rainhas, príncipes e princesas. Ela tinha toda uma aldeia medieval repleta de padeiros, moleiros, dragões e feiticeiros e exibia esses personagens regularmente. Joe, um pouco cético urbano, tinha dificuldades em engolir aquilo. Para ele, o tema estava desgastado e cheirava a hierarquia e sexismo. Então se iniciou um processo longo e interessante, uma conversa dentro das histórias que revelou alguns de nossos valores e pressupostos.

Para nós, era uma prática habitual compartilhar histórias com as crianças após o almoço. Silke normalmente começava

Os temas geralmente representam valores arraigados.

a narrativa e então passava a história para Joe terminar. Tínhamos muitos valores em comum, mas nossos métodos de contar histórias dificilmente poderiam ser mais diferentes. As histórias que resultavam eram um estranho híbrido. Algumas fluíam como mágica. Outras caíam mortas como gigantes. Por trás disso tudo, um diálogo nunca totalmente visível para nenhum de nós falava sobre os temas, ou valores, sobre os quais nossas próprias vidas foram construídas.

Para Silke, que literalmente cresceu numa pequena comunidade alemã a poucos quilômetros de um castelo medieval, a aldeia era uma alegoria significativa de uma pessoa como um todo. Cada personagem representava um arquétipo. O rei e a rainha não eram tiranos; eram os encarregados de supervisionar e governar todos os seres. O dragão não era maligno, era necessário, misterioso e sombrio. O padeiro pensava na comida e o agricultor plantava, independentemente de haver guerra ou seca. Princesas não usavam vestidos rendados, elas perfuravam a verdade com seus olhos, assim como os cavaleiros perfuravam armaduras com suas lanças. E, do mesmo modo que todos aqueles arquétipos tinham seus papéis, também tinham suas falhas e divergências.

A reação inicial de Joe muito teve a ver com liberdade individual, um tema comum na paisagem urbana americana onde ele havia nascido. Repetidas vezes suas princesas e moleiros buscaram liberdade e autoafirmação, às vezes às custas de isolamento. No final, aprendemos uma enormidade um com o outro, muito do qual não foi falado, e nossas histórias amadureceram. As crianças, é claro, nunca tiveram plena consciência desse processo, mas testemunharam a evolução das histórias ao longo do ano. Desse modo, elas também exploraram esses temas e valores por si.

EXERCÍCIO #10

Abra a despensa

Neste exercício, pedimos que você abra o armário da cozinha e deixe cada pacote falar por si só. Há uma história ali dentro? "Aqui não", diz o Pote de Geleia, "é muito espesso e devagar." O Macarrão diz: "Vamos entrar na banheira de água quente e relaxar um pouco". O Chocolate diz: "*Shhhiu*! Eu não deveria estar aqui". Que tipo de discussão surge entre o Espaguete e o Penne? O que o Cereal tem a dizer? Tente explorar como esse cenário simples está repleto de personagens que seu filho reconhecerá, criando um tema para o qual você pode voltar várias vezes.

EXEMPLO DE HISTÓRIA

Esquilo Pé Atrevido

por Silke Rose West

A história a seguir se desenvolveu ao longo de todo um ano, após ter sido contada pela primeira vez espontaneamente para as crianças que estavam no meu carro, à espera de colegas para os quais dávamos carona. Dois alunos meus, irmãos, estavam no banco de trás. O tédio levou a um jogo de implicância que acabou com a garota chutando o irmão. Ela não tinha intenção de parar, mesmo depois de eu ter pedido diversas vezes. Decidi reorientar a situação com uma história.

* * *

– Já ouviram falar do Esquilo Pé Atrevido? – perguntei.

– Não, conta!

– Bem, o nome dele nem sempre foi Pé Atrevido. Ele tinha um belo nome dado por sua mãe. Mas, quando era pequeno, gostava de chutar qualquer animal que chegasse perto. Até achava que era engraçado. Porém, como podem imaginar, os outros animais não gostavam. Alguns rosnavam para ele. Outros sibilavam e, por fim, todos o evitavam e diziam: "Lá vem o Pé Atrevido, rápido, fujam!". Portanto, foi porque os *animais falavam esse nome tantas vezes, que o nome dele de verdade acabou sendo esquecido.*

Essa parte da história explora a situação que aconteceu entre as crianças e as ajuda a se sentirem vistas, mas não julgadas. O personagem da história tira a pressão da criança e leva a uma expectativa do que vai se desenrolar. Chegamos a um lugar onde estamos presos e precisamos de uma solução.

– Qual é o meu nome, mãe? – perguntou.

A sábia mamãe esquilo disse que ele deveria descobrir por si mesmo. Deu-lhe um saco de nozes e o mandou sair. Esquilo Pé Atrevido foi até o guaxinim e perguntou:

– Qual é o meu nome?

– Pé Atrevido, ora essa! – disse o guaxinim.

Depois disso, o esquilo foi até a caverna do urso e fez a mesma pergunta, mas o urso apenas respondeu:

– Seu nome é falado em toda a floresta. Com certeza você sabe qual é.

Então, Pé Atrevido correu para um bosque de carvalhos. E, lá, tropeçou na raiz de uma árvore e machucou o pé. Ele se sentou e começou a chorar. Detrás de um velho carvalho saiu um gnomo. Deu uma batidinha na cauda do esquilo e disse:

– Oi, Cauã!

– Não sou Cauã, meu nome é Pé Atrevido!

– Ah, tá – disse o gnomo –, parece que você adora o nome que os animais lhe deram. Talvez devesse mantê-lo, mas aprenda a fazer coisas úteis com seus pés e então não ficará tão sozinho. Por que não pega seu saco de nozes e coloca uma na frente da toca de cada animal? Os animais reconhecerão suas pegadas e saberão que foi você. Mas não

espere que agradeçam. Se fizer isso três dias seguidos, verá que algo mágico irá acontecer.

Estamos na parte da história em que as crianças ficam animadas e querem saber qual será o resultado. Você pode escolher seu próprio final; no meu caso, levou à mudança de comportamento entre elas que eu gostaria de ver...

No caminho de volta, Pé Atrevido correu e distribuiu as nozes pela floresta em frente à toca de cada animal. Quando chegou em casa, pediu mais nozes à sua mãe.

– Meu nome é Pé Atrevido – disse. – Esse é o nome que quero manter. Gosto de ter um nome engraçado! Eu sei que era Cauã, mas agora esse será meu nome secreto.

A mãe viu como Pé Atrevido estava feliz e concordou.

Nos dois dias seguintes, Pé Atrevido distribuiu nozes pela floresta e os animais começaram a cochichar sobre ele; então decidiram lhe dar uma chance de brincar. Eles tinham uma brincadeira chamada Chute a Pinha. Pé Atrevido era muito bom nisso, e todos o elogiaram. Ele se virou para seus amigos animais e disse:

– Obrigado pelo meu nome! De agora em diante vou usar meus pés do jeito certo, mas ainda quero que me chamem de Pé Atrevido.

E foi assim que Pé Atrevido ganhou o seu nome.

As duas crianças que tinham escutado a história estavam sorrindo. A história dá a você uma oportunidade de compartilhar seus valores com crianças e orientá-las sutilmente na direção de uma ação desejada. Isso demanda que o contador de histórias procure pelo bem e confie que seja o suficiente. Não há necessidade de interpretação posterior.

No dia seguinte, as crianças pediram: "Pode contar outra história do Pé Atrevido?". Contei a história de como Pé

Atrevido ajudou seu amigo Gambá. Nessa, Pé Atrevido se tornou o herói que ajudava outras criaturas. As histórias seguiram ao longo do ano nos momentos de espera pelos colegas de carona. Às vezes, uma criança me pedia para contar uma história do Pé Atrevido para um amigo ou amiga que tinha deixado de ser legal. As crianças entendiam quão útil pode ser uma simples história. Para mim, essa é uma das melhores ferramentas de ensino.

6
HISTÓRIAS PARA ACALMAR

Uma das principais características da contação de histórias é sua habilidade de capturar e redirecionar a atenção de uma criança – ou de um adulto. No Capítulo 1, chamamos isso de "ciclo narrativo". Se começarmos com um conjunto normal de situações e, então, introduzirmos uma história, normalmente voltamos para o mesmo conjunto de circunstâncias com uma nova perspectiva. Para um contador de histórias iniciante, isso normalmente significa histórias elaboradas destinadas a distrair e promover saídas criativas para a brincadeira. Histórias como essas provavelmente continuarão sendo a base da prática de qualquer contador de histórias, mas, conforme sua arte se desenvolve, você começará a ver oportunidades de contar histórias numa variedade de situações.

Simplificando, a estrutura narrativa é uma ferramenta poderosa para conquistar atenção. Se alguma vez você teve problemas para conseguir a atenção de uma criança – e quem não teve? –, pode pensar em contar uma história. Ela normalmente atenua o conflito e a frustração associados a questões e demandas diretas. Além disso, uma vez que a atenção é conquistada, um contador de histórias habilidoso pode redirecionar o conflito para

Histórias são calmantes naturais. qualquer objeto ou atividade que escolha. Essa é a essência do ciclo narrativo. No próximo capítulo, vamos falar sobre como ele pode ser uma poderosa ferramenta de ensino, mas, neste capítulo, focaremos no efeito terapêutico das histórias.

Histórias são calmantes naturais. Não importa o assunto, elas dão atenção a uma criança em apuros e fazem isso sem chamar sua atenção para o problema. Crianças que se machucaram, estão doentes ou sofreram um trauma emocional podem se fixar no problema. Vemos isso em comportamentos tão diversos quanto a birra de uma criança de 2 anos ou o desalento de um pré-adolescente. Ambos podem se beneficiar enormemente de uma história. A intimidade emocional os ajuda a se sentirem conectados, calmos e, às vezes, um pouco mais fortes.

Certa vez, um aluno nosso se ajoelhou sobre um cacto. Era um *choya*, um dos mais desagradáveis do Novo México, porque suas agulhas são compridas e com farpas na extremidade, parecidas com um anzol de pesca. Dói quando entra, porém dói mais ainda quando sai. Eventualmente temos que lidar com uma ou duas farpas, mas, nesse caso em particular, o menino caiu sobre um talo de uns quinze centímetros, que agora estava grudado em sua pele como um lagarto gigante e espinhoso. Quando começou a tomar consciência das primeiras pontadas de dor, o garoto, com 5 anos de idade, começou a paralisar. Ele sabia no que tinha se metido. Cerrou os dentes e parou de respirar, tudo ao mesmo tempo. A dor era real, mas a ideia do que estava por vir era quase insuportável.

Lentamente, Joe se aproximou da criança, repetindo com calma: "Respire, respire". Enquanto isso, Silke, imaginando a situação, chamou alguns amiguinhos. "Josh, Tim, venham ajudar seu amigo Michael contando uma história engraçada", disse. Josh e Tim deram uma olhada e imediatamente reconheceram a gravidade da situação. Na mesma hora, começaram a fazer as palhaçadas mais hilariantes, recontando os melhores momentos da semana, balançando os braços, gritando e brincando de patetices. O rosto de Michael, contraído pela expressão de dor, começou a rir, então contraiu, riu, contraiu. Dava para ouvir o esforço em sua voz. Por fim, à medida que as histórias o envolviam, Joe, devagarinho, segurou o cacto. Com um puxão rápido, a perna da calça de Michael esticou e o cacto saiu. O rosto de Michael ficou vermelho, então ele se levantou, se dobrou e, finalmente, nos afastou. "Estou bem", ele disse, lutando contra as lágrimas. "Estou bem." Cinco minutos mais tarde, após um rápido exame, estava brincando com os amigos.

Existem momentos na vida em que não há nada a fazer a não ser encarar a dor. Se fazemos isso de cabeça baixa, no entanto, às vezes multiplicamos o trauma dando cada dolorosa grama de nossa atenção ao desespero. Focar em soluções ou alternativas às vezes apenas alimenta a chama porque mantém nossa energia concentrada no problema. Nesses momentos, histórias podem ser um remédio original. Se, como recomendado no Capítulo 4, "Estabeleça um ritmo", tivermos uma deixa verbal ou um ritual que introduza a hora da história, às vezes podemos usá-la para alcançar a consciência da criança e girar o botão em direção à segurança e intimidade mais rapidamente do que um analgésico pode atingir sua corrente sanguínea.

Alguns leitores podem achar presunção dizer que narrativas podem ser tão eficazes. Na maioria das vezes, pensamos na contação de histórias como um tipo de entretenimento. Mas, se entendermos a intimidade como o centro do relacionamento da contação de histórias, juntamente com o arco evolutivo do organismo humano para captar informação e significado através da estrutura narrativa, começamos a ver como essa ferramenta exclusivamente humana pode nos ajudar a nos conectar com nossas crianças de forma rápida e eficaz. Tão importante quanto, a intimidade da contação de histórias é uma rua de mão dupla: uma criança tranquilizada é um pai/mãe tranquilizado.

Uma mãe estava aprontando o bolo. A aniversariante, toda animada, distribuía os brindes: língua de sogra. *Fuuu! Zip! Fuuu!* Todas as crianças estavam se divertindo, até que a aniversariante percebeu que distribuíra todos os brindes e não havia sobrado nenhum para ela. Enquanto os amigos brincavam, soprando as línguas de sogra e rindo, ela começou a chorar. A mãe, acendendo as velas, de repente percebeu a situação e ficou insegura. Crianças, mãe, outros pais, aniversariante – todos estavam sentindo algo diferente. O caos estava prestes a tomar conta da situação, mas então alguém gritou: "Ei, eu já contei a vocês sobre...".

Histórias aliviam a pressão. Elas chamam a atenção e depois a redirecionam para algo útil. Ajudam a sincronizar as emoções do narrador, do ouvinte e de todos que estão reunidos. Não precisa ser um suspense de vinte minutos. Um episódio de um minutinho, normalmente, é tudo o que basta.

.... **EXERCÍCIO #11** ....

Acalmar a dor

Na próxima vez que surgir uma situação complexa para seu filho, tente contar uma história relaxante. Pode ser uma dor física ou uma emoção difícil. Pode ser um pesadelo, ou até um momento de conflito entre vocês dois. Seja o que for, tenha certeza de não ser algo como um corte sangrando, que pode ser facilmente resolvido de outro jeito. O objetivo não é usar a história como uma desculpa e sim entender como ela às vezes é o único remédio disponível.

....

EXEMPLO DE HISTÓRIA

Ramona e Peter

por Joseph Sarosy

– Ai! Paiê! – minha filha de 6 anos gritou.

Era o meio da noite e eu podia ouvir a ansiedade em sua voz. Queria, desesperadamente, dormir, mas, em vez disso, me sacudi para acordar e me levantei. Não havia como ignorar. Passamos por isso tantas vezes antes.

– Oi, filhota – disse, me acomodando ao lado dela. Aconcheguei-me bem pertinho. Assim, senti seu corpo inteiro se contorcendo. Ela estava com muita raiva.

Uma irritação na pele, que minha filha havia desenvolvido um ano antes, tinha voltado repentinamente com toda a força. Durante o dia, quando a vida era boa, e as distrações, muitas, era quase imperceptível, porém, à noite, num quarto em total silêncio e escuridão, a coceira era torturante. Tínhamos ido ao médico. Demos os remédios. Nada funcionou; fato que havíamos aprendido na crise anterior. Era simplesmente uma questão de tempo. Como pais, era doloroso. A falta de sono estava atingindo a todos nós, mas, principalmente, nos abalava ter que olhar no rosto da nossa filha e admitir que não havia nada que pudéssemos fazer.

Porém, havia. Após lavar delicadamente a irritação com água fria e reaplicar o creme, me deitei ao lado dela na cama.

– Vou contar uma história – eu disse. – Mas lembra aquela do outro dia, com tartarugas marinhas e tudo mais?
– Sim.
– A de hoje não é tão boa.

Humor. É meu jeito de entrar. Ela balançou a cabeça, mas eu já podia sentir o relaxamento fluindo em seus músculos. Começava a suspeitar que a irritação estava relacionada ao estresse, um estresse que minha filha nem mesmo ainda tinha vocabulário para expressar e compreender.

* * *

– *É sobre Ramona* – eu disse, buscando o nome em algum lugar, provavelmente nos Ramones. – *Você alguma vez já viu os urubus descendo pelo desfiladeiro e voando em círculos?*
– Já.

– *Ora, Ramona era um urubu. Ela amava abrir bem suas asas e aproveitar as correntes de ar quente que sobem do planalto. Ela era magnífica! Simplesmente linda; um pássaro de penas longas voando com o vento.* – Eu não podia ver o rosto da minha filha, mas sabia que ela estava sorrindo. Compartilhamos inúmeras horas contando histórias juntos, então ela sabia como entrar rápido na brincadeira. Eu não sabia sobre o que era a história. Simplesmente tinha escolhido um pássaro, um que ela reconheceria, que vira centenas de vezes, e o transformei em fêmea para que pudesse se identificar.

– *Bem, Ramona estava voando, porque procurava um lugar para construir seu ninho. Tinha acabado de sair do ninho dos pais. Vinha dormindo à noite em galhos e penhascos, mas sabia que era hora de encontrar um lugar para chamar de seu. Bem quando estava voando sobre o Bone Canyon* [um ponto de referência local que eu sabia que minha filha vislumbraria], *viu o lugar perfeito. Ficava bem no meio do degrau de um penhasco íngreme, numa saliência larga o suficiente para um urubu, com nada além da rocha vertical em cima e embaixo. Um lince jamais seria capaz de alcançá-la ali. Agora, veja você... o lince geralmente ficava por perto, espreitando por trás dos arbustos. Um urubu nunca era uma presa fácil, quero dizer, eles podem voar, porém, se um se empoleirasse perto demais das planícies, o lince poderia se esgueirar... lentamente... subir... e pegá-lo!* – fiz uma pausa de efeito.

– Não, papai – minha filha falou – *não gosto de histórias assustadoras.*

– Eu sei – respondi –, mas estou dizendo que esse lugar que Ramona achou era inacreditável. Não tinha como o lince chegar lá. Ninguém conseguiria, só um urubu. Ou, você sabe, uma andorinha ou outro pássaro, mas esses costumam se manter isolados. De qualquer forma, Ramona foi verificar. Da saliência, ela podia ver o Rio Grande lá embaixo. Avistava também o Norte e o Sul ao longe e, quando estava pronta, abriu suas enormes asas... flop, flop... e voou para o desfiladeiro. Passou todo o dia recolhendo galhinhos e grama e todo tipo de coisas para seu ninho. E quando terminou, ufa, sabe de uma coisa?

– O quê?

– Ela estava com fome. Bem, o que os urubus comem? Você sabe. Eu sei. Não há razão pra disfarçar. Eles comem animais mortos. É o que fazem. Não caçam nem matam. Apenas voam procurando pelo que já está morto. Argh! Eu não faço isso. Você sabe como eles fazem?

– Hein?

— *Snif-snif...* *Eles farejam.* — Funguei um pouco na orelha dela, como um cãozinho ansioso. — *Quer dizer, também olham. Eles têm a visão muito boa, como as águias, mas são especialmente bons farejadores e amam o cheiro de carne podre. Não é engraçado? Não os culpe. Eles são assim.*
— Nojento.

A essa altura, minha filha já não se coçava há alguns minutos. Estava totalmente relaxada. Tinha o pai ao seu lado e toda sua atenção estava voltada para a história. Eu fazia questão de diversificar as sensações, os sopros audíveis, as imagens e os sons. Isso foi ficando fácil ao imaginar a cena e descrever o que estava vendo. Não buscava por uma estrutura narrativa ou um enredo. Pelo contrário, estava mantendo minha audiência envolvida variando a linguagem e a cadência do que contava. Tudo aquilo era uma espécie de brincadeira, mas a mensagem subliminar era *estou relaxado o suficiente para ser um bobão*. Minha filha, ouvindo essa mensagem através dos maneirismos patetas do pai, que ela conhecia, ecoava o relaxamento em seu corpo.

O que é contação de história? Nessa circunstância em particular, se dissesse que era sobre um urubu chamado Ramona, acho que estaria perdendo o foco. A comunicação que acontecia entre mim e minha filha quase nada tinha a ver com o conteúdo da história. Estava relacionada ao contexto da noite, das noites anteriores, até mesmo do ano anterior, e a tentativa de um pai em acalmar sua filha aflita. Havia palavras, sem dúvida, mas a base da comunicação era silenciosa e invisível. Se você entender essa questão essencial, todo o restante deste livro é secundário. Você não está buscando uma boa história. Está buscando um bom relacionamento.

Dr. Gordon Neufeld chama isso de "vínculo". Em seu livro *Pais ocupados, filhos distantes*,[1] ele enfatiza como um forte vínculo é a base de uma criança saudável. Dúzias de estudos científicos mostram como a contação de histórias desenvolve empatia nas crianças. Ajuda os pequenos a expandir sua experiência de mundo, amplia a alfabetização emocional, constrói resiliência, e por aí vai. No entanto, quase toda essa pesquisa está focada no relacionamento entre a criança e a própria história. Em outras palavras, é a narrativa o que a maioria dos cientistas está estudando. É relevante, com certeza, mas a teoria de vínculo do Dr. Neufeld ajuda a preencher uma lacuna na ciência da narrativa. Explica a intimidade que encontramos no cerne da relação do contar histórias. Enquanto estamos aprendendo, contar histórias não é apenas sobre o enredo; é uma ferramenta afetiva para construir vínculo entre duas pessoas, incluindo pais e filho, e vínculo saudável leva ao melhor dos mundos dos atributos desejáveis.

– Ramona acabou encontrando um gambá morto à beira do desfiladeiro. Estava deliciosamente podre e fedido, e era todo dela. Enquanto ela comia, o lince percebeu e se esgueirou por trás. Lentamente, se aproximou, mas Ramona não percebeu, pois se deliciava com o fedor da carne podre e das glândulas do gambá. A triste verdade é que o lince quase a pegou. Teria pego, se não fosse por outro urubu, Peter, que estava voando bem acima, viu o lince e chegou no último minuto. Foi apenas o tempo suficiente para distrair o lince e Ramona voar em segurança para o desfiladeiro abaixo.

* * *

---

1 Neufeld, Gordon. *Pais ocupados, filhos distantes*. São Paulo: Melhoramentos, 2006.

Contar histórias não é apenas sobre o enredo; é uma ferramenta afetiva para construir vínculo entre duas pessoas, incluindo pais e filho.

Urubus se apaixonando. Já sabemos. Vou poupar você do restante da história, que termina com minha filha adormecendo primeiro e dois ovos sendo botados depois. Ela dormiu a noite toda e eu também. No dia seguinte, conversamos ela, a mãe dela e eu sobre o que poderia estar incomodando-a mais do que percebíamos. Quando ajudamos nossa filha a verbalizar o que a estava estressando, ela se sentiu aliviada. Em uma semana, a irritação havia passado completamente. Sem mais nenhuma noite insone.

Talvez tenha sido o remédio. Talvez tenha sido seu sistema imunológico entrando em ação. Quem sabe? A doença permanece um mistério para mim, mas não há dúvida de que Ramona e Peter foram muito importantes para fazer minha filha dormir aquela noite. Além disso, aprofundou nossa conexão. Ofereceu a mim, um pai inseguro, uma maneira de me conectar com minha filha quando, de outra forma, me sentia impotente. Isso é algo poderoso.

Nas semanas seguintes, minha filha e eu passamos horas desenvolvendo mais detalhes da história de Peter e Ramona que, ao final, se tornaram as histórias de Pal e Pam, seus filhotes. O lince voltou e acabou completamente molhado no rio. Todos rimos. Em determinado momento, nos cansamos do tema e paramos. A melhor parte foi passear pelo Bone Canyon algumas semanas mais tarde. Um vento forte nos fez avistar dois urubus voando lá no alto, acima de nossas cabeças.

– Ramona! – minha filha gritou.
Sorri.
– Peter! – eu disse.

7
HISTÓRIAS PARA ENSINAR

A intimidade que criamos com o hábito regular da hora da história nos permite introduzir lentamente camadas de profundidade e significado. No Capítulo 6, falamos sobre como histórias podem acalmar uma criança aflita. Neste capítulo, veremos como as histórias podem ajudar a direcionar a atenção de uma criança com a intenção de ensinar lições valiosas. Mais importante, talvez, seja o fato de que as histórias ajudam a criança a *reter* essas lições.

A estrutura narrativa dá um jeito de ficar gravada em nossa mente. Em diversos estudos, se comparada com fatos memorizados, histórias têm demonstrado aumentar entre 600 a 2.200% a capacidade de uma pessoa para lembrar os conteúdos. Por outro lado, o psicólogo Hermann Ebbinghaus ficou famoso (ou infame) por demonstrar, com a "curva do esquecimento", que quase 70% da informação é esquecida em um dia. Ebbinghaus publicou seu estudo em 1885 e seus resultados têm sido reproduzidos sistematicamente por cientistas, ajudando a criar uma base para a ciência da memória. O ponto essencial disso: a memória tem tanto a ver com a maneira como a informação é obtida quanto como ela é recuperada. A atenção desempenha um papel fundamental dizendo ao cérebro onde e quando colocar as pistas para a informação que chega. Como todos sabemos, atenção é um recurso limitado.

A narrativa, juntamente com seus personagens centrais, peso emocional, desenvolvimento de enredos inusitados e linguagem descritiva, é uma das ferramentas mais poderosas que temos para conquistar e manter a atenção. O resultado é um pacote compacto de informações distribuídas por diversas avenidas em nosso banco de memórias, tornando um pouco mais fácil para nós vencermos a curva do esquecimento.

No geral, é fácil reconhecermos esse fato. Naturalmente entregamos nossa atenção a uma boa história e estremecemos frente à ideia de uma palestra à tarde. Crianças não são diferentes. Se você envolver a atenção delas com uma boa história, geralmente as crianças irão se lembrar dela. Mas atenção não é o único fator em ação que faz da narrativa uma poderosa ferramenta da memória. Resumindo, temos outros três fatores: cronologia, repetição e posicionalidade.

A narrativa possui uma ordem cronológica. Isso nos permite encontrar um detalhe (ou fato) na história rapidamente, porque somos capazes de identificá-lo relacionando-o com o que veio antes ou depois. Possui uma organização intrínseca. Por outro lado, uma lista de fatos é muito mais difícil de ser lembrada porque carece de uma estrutura interna. Shawn Callahan, autor de *Putting Stories to Work*,[1] relata um estudo feito por A. C. Graesser na Universidade da Califórnia. Ele deu aos estudantes uma lista de doze leituras; algumas narrativas, como a história da *Arca de Noé*, algumas expositivas, como verbetes de enciclopédia. Os textos narrativos foram lidos duas vezes mais

---

1 *Colocando histórias em ação*, em tradução livre. (N. da T.)

A narrativa é uma
das ferramentas mais
poderosas que temos
para conquistar e
manter a atenção.

rapidamente e, mesmo assim, os estudantes retiveram duas vezes mais informações deles do que dos textos expositivos.

Como as histórias costumam ser divertidas, é natural que as repetimos em nossa mente apenas por diversão. Se fatos importantes ou lições são colocadas de modo estratégico dentro de uma história, uma pessoa lembra aquela informação toda vez que reconta a história. Essa é a espinha dorsal da memória e se chama "plasticidade neural". Em seu famoso livro O *cérebro que se transforma*, Dr. Norman Doidge diz o seguinte: "Neurônios que disparam juntos se conectam juntos".[2] Em outras palavras, quanto maior a frequência com a qual os neurônios são disparados, mais conexões são fortalecidas, tornando mais provável que nos lembremos de novo daquela informação. O oposto é verdadeiro no caso de neurônios que raramente disparam. Num prazo relativamente curto, no geral quando estamos dormindo, o cérebro simplesmente os apaga. Doidge se refere a isso como "use-o ou perca-o".

As histórias nos ajudam a conquistar atenção, nos dão uma ordem cronológica inerente e nos encorajam a reproduzir a narrativa e solidificar o conteúdo neural em nosso cérebro. Na verdade, é alta tecnologia. Mas elas nos ajudam em mais uma coisa que vale a pena abordar: posicionalidade.

Histórias são especialmente eficazes em tirar a pressão do orador e do ouvinte. Informações pontuais, mesmo quando bem-intencionadas e recebidas de modo amoroso, têm uma tendência a criar dicotomia, eu *versus* você ou nós *versus* eles. *Eu sou o professor e você é o aluno*, ou *eu sou o pai e você é o filho*. Mesmo nas melhores das situações, essa posicionalidade pode gerar problemas.

---

2 Doidge, Norman. O *cérebro que se transforma*. Rio de Janeiro: Record, 2011.

Por outro lado, uma história não é dirigida a ninguém. Ela cria uma proveitosa ficção de narrativa em terceira pessoa. É só uma história. A informação fornecida no contexto permite a uma criança a oportunidade de sentir que está descobrindo algo sozinha. Para citar o *Tao Te Ching*: "Do supremo, o inferior tem apenas ciência da existência... Quem valoriza a palavra realiza a obra sem deixar rastros, assim, o povo achará que surgiu por si, naturalmente".[3]

Se alguma vez você já teve um embate com seu filho (ou seu/sua parceiro/a) por causa de alguma pequena tarefa, sentirá a gravidade da posicionalidade. Humanos se atolam nisso e o conteúdo informativo sai pela janela. Em vez disso, agora temos uma jogada poderosa em mãos. Se perceber que isso pode acontecer, tente contar uma história e inclua a informação ou o valor na narrativa.

Na verdade, é assim que podemos ensinar: contando histórias. Primeiro, conquistamos a atenção de uma criança com um personagem ou enredo interessante. Se já temos um ritual estabelecido de contação de histórias, como sugerido no Capítulo 4, "Estabeleça um ritmo", sabemos como estabelecer a sintonia rapidamente. Ao inserir uma atividade ou um objeto conhecido em nossa história, como descrito no ciclo narrativo, imediatamente ligamos a atenção de nosso filho a um lugar real, no mundo real. Agora, durante nossa história, redirecionamos aquela atenção ao assunto pertinente, talvez apenas o básico ou um valor particular que queremos que eles tenham. Mantemos a história envolvente usando linguagem descritiva, mudanças de ritmo e situações repentinas para não perdermos a atenção da criança.

---

[3] Lao Tzu, tradução do Mestre Wu Jyn Cherng, *Tao Te Ching*, Sociedade Taoísta do Brasil (http://www.taoismo.org.br). Disponível em: http://www.dominiopublico.gov.br/download/texto/le000004.pdf. Acessado em: 11 set. 2021.

Então, ao longo da narrativa, ou talvez em apenas um ou dois momentos principais, incluímos palavras, fatos ou lições fáceis de serem lembrados nos detalhes da história. Isso pode ser evidente, como "a moral da história é...", mas com frequência é algo incidental no enredo, como uma mensagem escrita na parede ou uma célula que dá um grande bocejo e faz alongamento para descrever o processo de mitose. Quando terminamos a história, fechamos o ciclo, voltando ao mundo real com um novo olhar para ajudar nosso filho a compreender *e reter* um tema difícil.

Pode parecer complicado, mas é extraordinariamente simples, porque as pessoas vêm fazendo isso há 60 mil anos. Eis um exemplo. Para um grupo de crianças brigando pelo controle de "um" pedaço de pau ou "uma" boneca, pode ser contada uma história sob o disfarce de um grupo de animais com problemas semelhantes. Ao permitir que os personagens se comportem tanto de maneiras respeitosas quanto desrespeitosas, cada criança tem a oportunidade de ver como as ações afetam os outros e o grupo como um todo. No caso de crianças pequenas, isso costuma ser mais eficaz para se obter compreensão e promover cooperação do que broncas ou regras, que tendem ao isolamento e à divisão (posicionalidade) e levam a comportamentos defensivos futuros.

Contar histórias também nos permite simular atividades e emoções que às vezes são muito perigosas ou dolorosas na vida real. Por si só, isso é um modo de instrução que vemos muito em contos de fada e histórias "assustadoras", bem como em filmes modernos e nas tragédias de Shakespeare ou da Grécia antiga. Ao explorar enredos, que de outra maneira nos sufocariam, obtemos alguma perspectiva em situações difíceis que podemos experienciar em algum momento.

Lições escolares também podem ser muito auxiliadas por histórias. Quando Joe estava ensinando seus alunos da primeira série a ler, buscou um dispositivo mnemônico para distinguir vogais de consoantes. Acabou contando uma história sobre dois amigos, Aiê e Pê-tip. Os nomes estranhos chamaram imediatamente a atenção dos alunos. Pê-tip era um cantor, na verdade um percussionista vocal, que entretinha seus amigos com elaborados sons como bum-tip, pê-pê, tip. Era incrível, e os sons engraçados envolveram ainda mais as crianças. Mas certo dia, quando Aiê e Pê-tip já eram adultos, se aventuraram bem alto numa montanha e encontraram um dragão. Estavam quase mortos, mas, no último instante, Aiê puxou Pê-tip para um lugar seguro, embora não antes de o dragão queimar terrivelmente Pê-tip com seu bafo de fogo. Pê-tip quase morreu, porém, depois de ficar muito tempo convalescendo, recuperou suas forças. Infelizmente, ele não podia mais fazer percussão vocal, porque seus lábios estavam para sempre marcados por cicatrizes. Ele estava deprimido. Aiê tinha se mudado e agora vivia em outro continente. Aos poucos, Pê-tip reaprendeu a cantar, dessa vez com a garganta, e gravou um enorme sucesso internacional. Aiê ouviu a música no rádio pela primeira vez. E era assim: "Aiê, devo a você...".

Histórias assim fazem as crianças rirem, gritarem e cantarem. Mais tarde, não tiveram dificuldade em lembrar as letras A, E, I, O, U, mesmo que a história não tenha muito a ver com elas. Curiosamente, muito do que escrevemos sobre narrativas poderia também ser dito sobre música e melodia. O poder das duas, combinados, cria um banco de memórias altamente fértil na mente de uma criança, do qual ela não apenas pode extrair lembranças futuras, mas no qual ela pode, aos poucos, anexar e desenvolver novos conceitos. No caso de Aiê, basta apenas a melodia, "Aiê, devo a você", e as crianças logo associam o reconhecimento das letras à compreensão de leitura. Elas se lembram da história, das lições que aprenderam em sala de aula e, mais importante, da empolgação e da energia que são nossa porta de entrada no assunto, e não da decepção e dos suspiros do "Vamos lá, crianças, peguem seus cadernos...".

Histórias também são as principais formas de transmitirmos valores culturais e religiosos. A maior parte de nossos textos religiosos está recheada de histórias. Elas são uma parte intrínseca de cada feriado. Tudo isso é informação sendo derramada nos ouvidos e corações das gerações mais novas. Como pais e cuidadores, podemos repetir essas histórias clássicas de modo literal. Podemos também nos aproveitar desses enredos conhecidos e incluir mensagens e valores especialmente úteis para nossos filhos nesse momento.

A narração oral de histórias é especialmente poderosa para ajudar uma criança a dar sentido a alguns dos maiores momentos da vida.

Uma criança pode receber grande ajuda de uma história antes de enfrentar alguns ritos de passagem (como perder um dente) ou momentos difíceis (um amigo se mudando para longe). Como pais, muitos de nós somos treinados a procurar o livro ou o vídeo certo nessas situações. Nada errado nisso. Nos beneficiamos de todos os tipos de histórias. Mas se compreendermos a potência do método descrito neste livro e investirmos tempo em cultivar a intimidade e o conforto da hora da história com nossos filhos, talvez descubramos que a narração oral de histórias é especialmente poderosa para ajudar uma criança a dar sentido a alguns dos maiores momentos da vida. Isso pode soar intimidante, mas, se começamos com histórias de ursinhos aos

2 anos, criar histórias sobre se tornar uma mulher aos 14 não será um salto tão grande.

·················· **EXERCÍCIO #12** ··················

Inserir uma mensagem

Pense numa mensagem ou numa lição simples que você quer que seu filho se lembre. Pode ser sobre guardar os brinquedos ou não bater em ninguém ou o nome de um pássaro local. Qualquer coisa. Solte a criatividade. E seja o que for, certifique-se de que a lição possa estar contida numa simples mensagem ou frase. Depois conte uma história em que apareça a mensagem, talvez escrita na parede de uma caverna, ou falada por uma coruja sábia e misteriosa. Lembre-se: a mensagem pode ser o enredo principal, mas também pode ser incidental.

·················· **EXERCÍCIO #13** ··················

Incorporar um contexto

Apresentar um valor ou uma lição no contexto ou estrutura de uma história é uma potente ferramenta de ensino. Por exemplo, uma história sobre tolerância religiosa pode ser de modo explícito sobre um menino judeu celebrando o Hanukkah com seu amigo cristão, e vice-versa. Histórias assim podem ser maravilhosas, porém eventualmente pesadas. Às vezes, mesmo se os protagonistas criem compreensão e reconciliação, a mensagem subjacente é que tal compreensão está em falta na cultura como um todo. De modo alternativo, uma história sobre uma pequena aldeia tolerante – onde o fabricante de velas está ocupadíssimo fazendo velas verdes e vermelhas para o Natal e azuis e brancas para o Hanukkah – pode trazer alguma situação confusa ou engraçada e, assim, passar a mesma mensagem (celebramos diversidade) ao seu filho, mas sem fazer disso o conflito central. No final, talvez todos tenham velas com as cores do arco-íris.

••

EXEMPLO DE HISTÓRIA
....

O Ceavealeiro Elearreanja

por Joseph Sarosy

Esta história surgiu certo dia, quando meus alunos do primeiro ano estavam aprendendo a soletrar palavras comuns. Estavam frustrados. Eu estava frustrado. Todos queriam desistir. Mas eu sabia que se parássemos com aquela sensação tão estressante seria difícil para as crianças – e para mim – voltar à matéria com qualquer sentimento que não fosse o de resistência. Estresse e frustração são como duendes na sala de aula – comem toda a nossa atenção. Então, pela graça de algum espírito benevolente, me sentei e contei esta história.

* * *

– Senhor! Senhor! – disse o pajem, entrando correndo na sala do trono. Em sua mão, balançava um pedaço de pergaminho. – Achei este bilhete preso na entrada do castelo.

– O que diz?

– Não sei, Majestade. Não sei ler. – Ele mostrou a mensagem ao rei, mas o rei a colocou de lado. O rei era um homem bom e justo, mas também não sabia ler. (Essa história aconteceu há muito, muito tempo atrás, quando ler não era tão comum como é hoje.)

– Entregue ao príncipe! – disse o rei, pois o príncipe estava estudando com um feiticeiro distante.

O príncipe, que ainda era um jovem, pegou o pergaminho. A sala ficou em silêncio, enquanto ele agonizava sobre as letras, pois ler ainda era uma coisa muito nova para ele.

– Hum... hum... – ele gaguejou, com o papel amassado em suas mãos.

– O que diz?! – berrou o rei.

– Eu acho, acho... – disse o príncipe, começando a ler as letras. Todos se inclinaram um pouco mais para perto. – Acho que diz: "Eu... es-esta... Eu estarei... lá...". Não, diz: "Aí... Eu estarei aí".

– Eu estarei aí? – gritou o rei. – Quem? Quem?! – O rei estava um pouco agitado.

– Espera – disse o príncipe. – Eu estarei aí... em dois di--dias! Eu estarei aí em dois dias!

– Ele vai estar aqui em dois dias? Quem? Pelos céus! Tem um nome no pergaminho?

– Espera – disse o príncipe. – Aqui. Está assinado no final.

Mais uma vez, todos os cortesãos e cavaleiros do rei se inclinaram para a frente.

– Está assinado por... O... O... Ce..a...ve...Ceavealeiro... Ele... a... Elea...rre...anja... O Ceavealeiro Elearreanja!'

– O Ceavealeiro Elearreanja? – disse um dos cavaleiros, com uma terrível expressão no rosto. – O que, Deus nos livre, é isso?

Todos na sala se entreolharam. O Ceavealeiro Elearreanja? Deve ser algum tipo de monstro, algum animal gigante peludo decidido a destruir o castelo e comer as crianças. O desespero pairava sobre a expressão de todos. Seus rostos empalideceram, e o cavaleiro mais corajoso de todos tentou fugir pelos fundos, na ponta dos pés, até que o rei, sendo rei, deu uma batidinha com as costas da mão no guarda armado à sua direita – bo-oi-ong – e bateu com o punho na mesa.

– Não somos covardes – disse. – Cavaleiros, se preparem. Quero que todos os cavaleiros disponíveis sigam para a Floresta Negra o mais rápido possível. Temos que achar... – e falou com sua voz de ameaça: – O Ceavealeiro Elearreanja.

Silêncio. Então, subitamente, todos na sala estavam correndo para pegar suas armas, comer uma última porção de comida, dar uma palavra com o rei e, por fim, sair pela porta. O jovem príncipe se aproximou do pai.

– Pai – disse –, também devo ir. Preciso caçar O Ceavealeiro Elearreanja.

– Não, filho – disse o rei. – Você precisa ficar atrás das muralhas do castelo, em segurança. Quem sabe que tipo de fera pode ser esse maldito Ceavealeiro Elearreanja. Três cabeças. Quinze pernas. Meia dúzia de espadas. Ele pode ser um fantasma, pelo que sabemos... – fez uma pausa, balançou a cabeça. – Não, não podemos arriscar. Você fica aqui comigo.

A palavra do rei era a final. O príncipe baixou a cabeça e saiu da sala, enquanto servos e cavaleiros semivestidos corriam pelos corredores.

Durante todo aquele dia e na manhã seguinte, os cavaleiros do rei procuraram por qualquer rastro do Ceavealeiro Elearreanja.

– Deve ter cinco metros de altura – disse um homem.
– Braços do tamanho de canhões – falou outro.

A verdade é que todos eles estavam aterrorizados. Mas ninguém encontrou nada.

No final da tarde do segundo dia, o jovem príncipe, cheio de coragem e ventura em seu coração, se esgueirou numa armadura de cavaleiro de terceira classe e seguiu para o estábulo.

– Ei, quem é? – perguntou o chefe do estábulo. – Achei que todos vocês já tinham saído. Então, você vai ter que ir com o velho Sansão. Foi o único cavalo que restou.

– Vai servir – disse o príncipe, com a voz mais rouca que conseguiu. O chefe do estábulo parou e esticou a orelha, então balançou a cabeça e foi buscar o velho Sansão. Quando voltou, o cavalo mancava a cada três passos, mas conseguiu chegar até o príncipe.

– É melhor se apressar – disse o chefe do estábulo. – O rei não vai gostar de retardatários.

Para chegar até a floresta, levou mais tempo do que o príncipe esperava, porém, ao cair da noite, ele estava dentro da Floresta Negra. Musgo e líquenes pendiam dos galhos como cabelos de velhas bruxas. Cheiros estranhos pareciam emanar do solo, e o trote do cavalo que mancava soava como se estivesse andando em um chão oco. Logo o príncipe estava apavorado. Tinha cometido um erro. Não havia como encontrar O Ceavealeiro Elearreanja e, se encontrasse, o que faria? Provavelmente o monstro o mataria com um sopro. Ele mandou seu cavalo parar. Começou a se virar, quando, subitamente, congelou. Lá, não mais de cem metros à sua frente, vinha um misterioso brilho laranja.

– Uoua – disse o príncipe, baixinho para seu cavalo. Mas o cavalo não ouviu. Continuou a virar, os estribos e os elos de metal da sela tilintando como uma antiga árvore de Natal. O príncipe, apavorado, mantinha seus olhos no brilho.

"Deve ser O Ceavealeiro Elearreanja", pensou, "talvez algum tipo de gárgula, uma besta feroz com uma cabeça de serpente e garras grossas e negras". Estava se aproximando.

– Atrás – o garoto sussurrou para o cavalo o comando para andar para trás, mas as pernas do cavalo começaram a tremer. O príncipe também começou a tremer, e os dois fizeram um barulho estridente e assustador. A floresta inteira começou a brilhar com uma luz enervante, e, numa última tentativa de criar coragem, o príncipe abriu seu visor e gritou com sua voz mais ameaçadora.

– Alto! Quem vem lá! – o que não soou muito ameaçador. Saindo detrás das árvores veio... o Cavaleiro Laranja? O grande amigo do rei? Não podia ser.

– Ah, jovem príncipe – disse o velho sábio cavaleiro.

– O quê...? – exclamou o príncipe, perplexo demais para falar. – Você não é... o que... você é... – Então se recompôs e perguntou: – Onde está O Ceavealeiro Elearreanja?

– O Ceavealeiro Elearreanja? – riu o gentil cavaleiro. – O que é isso?

– O Ceavealeiro Elearreanja – falou o príncipe. – Deveria ser um tipo de monstro. Ele mandou um bilhete para o meu pai dizendo que estava vindo para destruir o castelo e comer todas as crianças.

– As crianças? – perguntou o Cavaleiro Laranja, rindo para si mesmo. – Parece terrível. – Então, acrescentou: – O bilhete estava em um pedaço de pergaminho?

– Estava.

– Dizia: "Eu estarei aí em dois dias"?

– Dizia!

– Quem leu? – perguntou o cavaleiro.

– Eu li – respondeu o príncipe. – Papai não sabe ler.

O Cavaleiro Laranja deu uma poderosa gargalhada.
– Ah, filho – disse –, vamos nos divertir juntos.
Ele apertou o ombro do jovem príncipe, pegou as rédeas do velho Sansão e os dois seguiram em direção ao castelo.

* * *

Quando terminei as últimas falas dessa história, meus alunos estavam rolando no chão e encostando nas paredes às gargalhadas. Honestamente, foi um caos – como um desenho animado, onde eles tiram os sapatos e batem com a cabeça na parede. Quando finalmente recobramos o juízo, repassei alguns detalhes no quadro. O Ceavealeiro Elearreanja. O Cavaleiro Laranja. Quantas bobagens ridículas.

Agora usamos isso como um resumo para explicar por que, quando aprendemos a ler, há palavras que quebram as regras e simplesmente não fazem sentido. Podemos chamar essas palavras de "palavras à vista" e desenvolver todo tipo de método para aprendê-las, mas agora temos uma forma divertida de enfrentar essas esquisitices na escola. Podemos rir e captar toda a mensagem em algumas sílabas – Ceavealeiro Elearreanja. A leveza que isso traz para o trabalho escolar não tem preço.

8
HISTÓRIAS PARA A FAMÍLIA TODA

Se compreendermos que a ideia de relacionamento está no âmago da narrativa, podemos aplicar seu bálsamo em quase toda situação, não apenas com as crianças. Neste capítulo, convidamos você a explorar a contação de histórias como uma atividade para toda a família, a vizinhança ou em qualquer outra reunião.

Contar histórias é uma ótima atividade para criar laços entre gerações. Isso pode ser simples, como uma história compartilhada dentro de casa, que dá para incluir avós, tias, tios, primos ou vizinhos. Um círculo de histórias como esse pode ser um encontro bem íntimo. Crianças pequenas se beneficiam ao ouvir histórias dos mais velhos, e os idosos, ao ouvir histórias das crianças. Em um círculo de idades variadas, temos a oportunidade de ver a vida em todos os seus aspectos e as personalidades em suas inúmeras formas.

Assim como acontece nos momentos de narrativas individuais, o foco principal é a conexão. Ao dar nossa atenção integral a cada orador, recebemos algo muito mais profundo do que as narrativas. Compartilhamos um vínculo comum que tem fortes raízes com nossos ancestrais, algo difícil de ser replicado com o foco unidirecional em um filme ou programa de TV, independentemente do quão incrível seja o roteiro.

Criar um círculo como esse vai necessitar de um pouco de coragem. A maior parte dos adultos não se vê como contadores de histórias. Por quê? Porque estão focados na narrativa. Tendemos a ficar tímidos e evasivos. É por isso que ter crianças em nosso círculo pode fazer uma grande diferença, porque adultos tendem a se mostrar para crianças de uma maneira que normalmente não fariam para outros adultos, como numa roda de piadas, por exemplo. Uma vez quebrado o gelo, acabamos nos divertindo muito.

Para começar, escolha um lugar confortável para todos, tanto pode ser dentro de casa quanto sob uma árvore predileta, por exemplo. Certifique-se de que os idosos tenham um bom lugar para se sentar e que todos possam ver uns aos outros. É preciso ficar claro que, quando alguém estiver falando, todos devem ouvir. Isso talvez deva ser informado no início. Interrupções podem tirar a concentração de quem está se colocando na berlinda, e queremos criar um ambiente onde as pessoas se sintam bem-vindas e confortáveis.

Você mesmo pode começar contando uma história e depois convidar a pessoa à sua esquerda, ou à direita, para também contar uma, e por aí vai. As primeiras duas histórias costumam ser as mais difíceis, então escolha os oradores com sabedoria, mas, a partir do terceiro ou do quarto, as pessoas em geral começam a entender o valor daquele momento. Será uma experiência absolutamente única todas as vezes que ela acontecer.

Outro método que pode ser experimentado é convidar todos a contarem uma história em comum. Uma pessoa começa, depois passa a narrativa para a próxima. Essa pessoa desenvolve um pouco mais e passa adiante. Conforme observamos os mesmos personagens viajarem através dos lábios de diferentes narradores, temos a oportunidade de ver personalidades nas mais diferentes formas e idades. Alguns perderão a história. Outros a retomarão. Às vezes, uma frase ou duas são o suficiente. Normalmente, os momentos mais divertidos são as gafes e palhaçadas.

Reuniões regulares como essa – mesmo que aconteçam uma vez por ano na casa dos avós – podem ter um grande impacto na intimidade do grupo como um todo. Diz o ditado que família que reza unida permanece unida. Talvez possamos dizer que uma família que conta histórias unida envelhece unida. No lugar de uma noite de jogos ou de filmes, tente uma noite de histórias. Experimente.

Alguns adultos, em especial os mais sérios, hesitarão em entrar em um círculo de histórias tão diverso. Isso os faz sentir-se extremamente vulneráveis. Em um mundo onde o cinismo e a indiferença são valorizados com frequência, é muito difícil fazer alguns adultos se divertirem.

Certas vezes, o único jeito de mudar isso é com a ajuda das crianças. A verdade é que todas as técnicas de contação de histórias descritas neste livro funcionam tanto para adultos quanto para crianças, mas a maioria escolherá não seguir por esse caminho, a menos que seja para contemplar as crianças. Em parte, é assim que as crianças "ensinam" os adultos. Às vezes, elas são a única porta de entrada para a criança interior do personagem mais rabugento.

Aqueles dispostos a correr um pouco de risco podem se deparar com o surgimento de um mesmo tipo de intimidade, ainda que não haja crianças envolvidas. Afinal, contar histórias já é uma parte comum de qualquer reunião de adultos. Simplesmente não é chamada de contação de histórias. Chama-se: "Caramba, deixa eu te contar o que aconteceu quando...". A troca de histórias é tão antiga quanto as tavernas, os mercados e o cantinho do café do escritório. Por quê? Porque contar histórias cria intimidade.

Conte uma
história. Invista nela.
Seja verdadeiro.
Seja amoroso. Veja
o que acontece.

Silke tinha uma amiga idosa, Mary, que lutava contra um câncer terminal. Nos meses anteriores à sua morte, ela estava totalmente alerta, porém não era mais capaz de dar mais do que alguns passos fora de casa. Não demorou muito, ficou acamada. Quando Silke a visitava, as duas amigas se deleitavam com seu amor em comum, mas a gravidade da situação fazia com que as brincadeiras normais parecessem patéticas. "Me conte uma história", Mary costumava pedir.

No Capítulo 7, mencionamos como as histórias são particularmente úteis para pais e educadores que desejam ensinar lições importantes sem gerar posicionalidade individual que, às vezes, leva ao conflito e ao desconforto. Esse mesmo benefício está em jogo em uma variedade de circunstâncias, como as visitas de Silke a Mary. Contar histórias remove o constrangimento de dizer ou repetir algo que não é necessário. Podemos simplesmente nos manter na intimidade da história, sem qualquer pauta prática.

Essa característica tão sutil, ainda assim tão diversa, pode ser usada em quase todo lugar. Você pode tentar usá-la da próxima vez que quiser enviar um recado e que seria recebido de modo um pouco rude. Ninguém gosta de ouvir que fez algo errado, mesmo quando concorda. Simplesmente é da natureza humana ficar na defensiva. O resultado é que, mesmo quando os dois lados concordam sobre o erro, muito da nossa atenção fica focada na disputa pelo poder da narrativa e naquela irritação persistente. Isso é a posicionalidade trabalhando. Mas, se você coloca essa mensagem no subtexto de uma pequena história – normalmente trinta segundos são o suficiente –, a pessoa tem a oportunidade de descobrir o erro por si só. Isso atenua o desconforto persistente entre as partes. Líderes que dominam essa técnica são incríveis. São capazes de criticar seus funcionários, alunos, seguidores etc., ao mesmo tempo em que promovem sua benevolência.

Um bom lugar para tentar essa técnica de contar histórias é com seu marido, sua esposa, seu parceiro ou um amigo próximo. Você pode utilizá-la para passar uma mensagem importante de um jeito amoroso, como descrito há pouco, mas também pode usá-la como uma maneira de gerar conexão e intimidade. Funciona do mesmo jeito com seu filho. Se o relacionamento com seu companheiro ou companheira é como o da maioria das pessoas, provavelmente tem momentos monótonos. Da próxima vez que estiverem juntos, ao final do dia, repassando o que aconteceu no trabalho ou em casa e com alguma dificuldade de chegar a um consenso, então pare. Conte uma história. Invista nela. Seja verdadeiro. Seja amoroso. Veja o que acontece.

Isso funciona melhor se houver a cooperação de seu parceiro. É como um pequeno círculo íntimo de história, e vocês dois podem contar algo. Quando for sua vez, entregue-se totalmente. Use o ciclo narrativo – use, na história, algo do seu dia que vocês dois reconheçam, acrescente alguns detalhes excêntricos ou fascinantes, e então feche o ciclo trazendo-o de volta à realidade. Observe se alguma coisa muda. Quando for sua vez de ouvir, dê sua total atenção ao parceiro, assim como faria com seu filho. Ouça com o coração. Fazer isso apenas uma vez por semana pode ser transformador porque, mais uma vez, tira a pressão individual de seus momentos juntos. A intimidade que vocês constroem pode ser incorporada ao restante dos seus dias.

Você pode tentar iniciar uma história e pedir ao seu parceiro para terminá-la. Experimente. Descubra o que funciona. Se acredita que seu parceiro vai rir da sugestão, considere dar o primeiro mergulho no mundo das histórias sem qualquer preparação. Uma história normalmente é mais poderosa do que a explicação sobre os motivos de histórias serem poderosas. Da próxima vez que notar que vocês dois estão tendo problemas para se conectar, talvez seja o caso de simplesmente tomar a inciativa e começar com "Era uma vez...".

Para o iniciante, algumas dessas sugestões poderão parecer absurdas. No mínimo, difíceis de alcançar. Mas, se começarmos com histórias simples, como aquelas que normalmente contamos às crianças, o adulto, em geral, terá pouca dificuldade em aplicar as técnicas descritas nos últimos capítulos. Vai se tornar quase natural se aproximar de uma criança traumatizada e aliviar parte de sua dor com uma história relaxante. Será fácil, de modo surpreendente, criar histórias divertidas e envolventes que transmitam mensagens aos seus filhos sobre amadurecimento. Podemos conseguir controlar discussões com nossos parceiros antes que elas explodam. Se tivermos sorte, compreenderemos que contar histórias é uma adaptação humana evoluída que transmite informações com eficiência e cria intimidade, nos fornecendo uma ferramenta útil para cultivar relacionamentos com amigos, família e vizinhos de todas as idades.

EXERCÍCIO # 14

Crie um círculo de histórias

Da próxima vez que tiver uma grande reunião de família, uma festa na vizinhança ou qualquer tipo de encontro comunitário, convide todos para um círculo de histórias. Se alguns não estiverem dispostos, não insista, mas tente levar as crianças para lá. A presença delas será seu quebra-gelo. Comece com uma regra: quando alguém estiver falando, todos os outros ouvem. Sugerimos que encontre dois bons oradores para começar. O primeiro pode contar uma pequena história e depois passar para a próxima pessoa, e assim por diante. Ou você pode escolher contar uma única história em partes. Normalmente, o mais difícil é para os dois primeiros, então escolha com sabedoria, mas, no terceiro ou no quarto orador, as pessoas já estão começando a entender o valor do momento. É uma oportunidade de compartilhar com o coração.

·················· **EXERCÍCIO #15** ··················

Conte uma história a um inimigo

Este exercício é para os fortes. Entendemos que a maioria das pessoas não aceitará o desafio, mas tente imaginar o impacto que pode ter sobre relacionamentos tensos. Pense em alguém com quem saiba que há conflito. Talvez um colega de trabalho, um pai ou mãe da escola, ou qualquer outra pessoa. Não faça disso um estardalhaço, porém, quando tiver oportunidade, tente contar uma pequena história para essa pessoa, uma bastante inspiradora. Não deve ter nada a ver com a fonte do conflito. Apenas uma boa história sobre um pássaro azul, ou algo do gênero. Algo simples e fácil para que você não tenha medo de contar. Não precisa ser um conto maluco ou fantasioso. Pode ser simplesmente algo que aconteceu com você e que pareça relevante no momento. Um ou dois minutos são o suficiente. Depois disso, observe como você se sente. A tensão diminuiu? Houve alguma mudança?

EXEMPLO DE HISTÓRIA

Uma história de Natal

por Silke Rose West e Joseph Sarosy

Era véspera de Natal e, enquanto o Sol se punha no horizonte, carros começavam a estacionar na rua. Uma fogueira estava acesa e havia luzes nas calçadas. As montanhas se recolhiam nas sombras e o ar estava frio, mas a cidra quente aquecia nossos lábios e mãos. Após acender velas vermelhas em nossa árvore de Natal ao ar livre, uma tarefa divertida e perigosa, Silke convidou todos para um círculo de histórias.

Era possível ver as expressões. Alguns poucos se animaram. Alguns deram de ombros. A maioria se escondeu por trás de sorrisos que mostravam nervosismo. Uma criança sorriu, outra se escondeu atrás da perna do pai. A verdade é que a maioria de nós não se conhecia, mas todos conheciam Silke nas mais variadas situações. Havia jovens adultos, do tipo que só com uma voz suave e um tambor já está disposto a fazer do feriado algo divertido e bem-humorado. Havia pais, cuja intenção era celebrar o Natal sem aquele consumismo todo. Havia idosos e uma família de outra cidade, cujo filho tinha frequentado a escola de Silke 20 anos atrás.

– Vai funcionar assim – Silke falou com sua voz de professora de jardim de infância e um sorriso malicioso no rosto. – Um de nós começa a história, depois passa para a próxima pessoa. Cada um conta o quanto quiser e passa adiante. Daremos a volta no círculo e acho que saberemos quando terminar.

– Só queremos ouvir uma história sua – disse um dos adultos. Algumas pessoas riram.

– Eu começo – disse uma jovem, acostumada a esse tipo de coisa. Todos olharam e ela começou.

Era uma vez uma fada do Natal que tinha vindo ajudar a distribuir presentes para todas as pessoas. Mas, no caminho, ela se perdeu.

Esperamos um momento, mas estava claro que ela havia terminado. Olhou delicadamente para o homem ao seu lado, um senhor de meia-idade usando mocassins e um casaco leve demais para um evento ao ar livre como aquele. Com as mãos enfiadas nos bolsos, ele olhou para a esquerda e para a direita, então falou:

Havia um buraco. Ela caiu nele.

Algumas risadas ecoaram pelo grupo. A esposa do homem era a próxima e tinha uma expressão vívida no rosto quando "pegou" a história.

Dentro do buraco, ela procurou uma forma de sair. Estava muito escuro, então ela foi tateando pelas paredes.

– Fadas não voam? – alguém perguntou. Algumas pessoas riram. Dois olhos encararam o inquisidor. Um homem arrastava a ponta do sapato no chão. Mas a maioria mantinha os olhos em quem estava contando a história, numa demonstração de apoio. No geral, era um bom grupo.

De repente, ela encontrou uma porta. No início não sabia que era uma porta, mas podia sentir que era algo de madeira. Ela bateu e parecia ser oco. Então se abaixou e abriu a porta.

Houve uma rápida pausa, enquanto o reservado homem ao lado da moça pegava a história. Também professor de pré-escola, aquele homem provavelmente tinha milhares de horas de histórias na bagagem anteriores a esse evento. Dava para ouvir isso em sua voz, sua entrega, na forma como cada frase iluminava a história como uma pessoa passeando pela casa e acendendo as luzes. Ele manteve seus olhos baixos o tempo todo, porém, quando terminou, tínhamos um bom conteúdo com o que trabalhar.

Ela abriu a porta que dava para uma grande sala. De um lado, havia uma pilha de presentes embrulhados em papel colorido e, do outro, uma escada branca que conduzia para fora da sala. Quando olhou para trás, por onde havia entrado, a porta tinha desaparecido. Pendurada na parede, havia uma pequena chave. Ela esticou a mão para pegá-la, mas, toda vez que sua mão se aproximava, a chave se afastava, de modo que não conseguiu. Ela ficou frustrada e se sentou. Havia uma pequena mesa por perto e, em cima dela, um bilhete escrito à mão.

Agora as pessoas estavam curiosas. O homem que estava arrastando a ponta do sapato no chão olhava intensamente para o narrador. Todos estavam ansiosos para que ele continuasse, mas, em vez disso, se virou e olhou com ternura para a criança à sua direita. Depois de perceber o olhar dele, ela baixou a cabeça e estremeceu numa expressão alegre de nervosismo. Ela olhou para o homem, para o chão, então para o círculo de rostos ansiosos para ouvir o que a criança faria com aquilo.

Ela leu o bilhete. Ele dizia para subir a escada.

– Hã, hã – disse uma senhora, numa pequena demonstração de apoio.

— Muito bom – falou outra.

A menina estava fitando a mulher ao seu lado, uma jovem de vinte e poucos anos que, mais cedo, substituíra cada menção ao Natal pela palavra *solstício*. Ela encarou a garotinha com os olhos arregalados, então se virou para o grupo.

Com o bilhete na mão, ela foi para a escada. Quando colocou seu pé no primeiro degrau, ele ficou vermelho. Ela parou maravilhada por um segundo, então subiu outro degrau. Esse ficou laranja. O seguinte ficou amarelo, verde, prateado, azul, roxo e dourado. Ela continuou subindo, e os degraus iam ganhando cada uma das cores do arco-íris, e viu flores mágicas crescendo ao longo da escada. Isso a encheu de magia e admiração, e ela continuou subindo, até que olhou para cima e viu um maravilhoso arco-íris com todos os tipos de cores e formas brotando da escada.

Ela passou a história para a direita. Um homem alto com uma bela barriga estava com os lábios apertados.

— As velas estão apagando! – alguém gritou. Todos nos viramos e, certamente, das vinte e tantas velas da árvore, apenas três continuavam acesas. Silke e outra mulher reacenderam algumas que apagaram imediatamente, depois desistiram e voltaram ao círculo. Essa distração tinha dado bastante tempo para homem barrigudo ficar ainda mais desconfortável. De repente, todos os olhares estavam de volta para ele.

— *Bem* – ele disse, mordendo os lábios numa expressão de quem está pensativo –, *quando ela chegou ao topo, a pequena fada do Natal percebeu que estava no topo do arco-íris. O céu acima estava escuro, e ela podia ver que a Lua e as estrelas estavam bem próximas. Se esticando ao máximo que podia, ela conseguiu estender a mão e arrancar uma das estrelas do céu.*

Surpreso, o círculo pareceu sorrir em aprovação.

Em seguida, um homem travesso (que, por acaso, está escrevendo este livro), um pouco incomodado com a qualidade açucarada da história, começou.

Quando olhou para o arco-íris, tudo havia se tornado preto e branco. De repente, ela ficou triste. Não tinha nem certeza do porquê. Talvez tivesse alguma coisa a ver com a estrela, mas ela não sabia. Tentou colocá-la de volta, mas ela não grudava. Lentamente, foi descendo a escada, se perguntando para onde tinha ido toda a cor. Quando chegou lá embaixo, seu coração estava pesado. Era difícil se imaginar entregando presentes. Além disso, estava presa em algum buraco no subsolo. Precisava encontrar uma saída.

– Ela levou a estrela até a chave – disse a mulher seguinte.

Enquanto atravessava a sala, pôde ver que os presentes também estavam em preto e banco. Tudo na sala estava um pouco sóbrio, mas ela queria fazer alguma coisa sobre isso. Quando chegou perto, a chave pulou da parede e grudou na estrela, como um ímã.

Agora era a vez de Silke.

A garotinha, ops, quero dizer, a fadinha, segurou a chave-estrela e a colocou onde antes estava a porta. De repente, ela podia ver. A chave encaixou na fechadura e, com uma volta, a porta se abriu com um click.

Silke se virou para a senhora idosa ao seu lado. Todos podiam ver que ela estava nervosa.

– Eu não... Simplesmente, não... – disse para Silke, com olhar suplicante.

– *Já sei!* – falou o jovem ao lado dela. – *Quando a porta abriu, os presentes se iluminaram com cores.* – A idosa olhou para o jovem, agradecida pela ajuda.

– Sim – ela disse *– e a fada os colocou todos numa pequena sacola.*

– Uma sacola de veludo – disse o jovem.

– Uma sacola de veludo vermelha – respondeu a senhora, parecendo satisfeita.

– Ela arrastou a sacola de veludo vermelha, que estava muito pesada, pela porta, mas a fada estava se sentindo muito mais leve e feliz. Quando olhou para trás, a escada de arco-íris estava ainda mais colorida e brilhante.

O jovem e a idosa sorriram, então se viraram para a criança à direita.

– Ela subiu para fora do buraco e entregou todos os presentes – prosseguiu a criança.

– E quando chegou em casa – disse a mãe da criança *– ela colocou a mão no bolso e encontrou a estrela. Era seu próprio presentinho de Natal.*

Todos sorrimos. A história havia chegado naturalmente à sua conclusão, bem na hora em que voltava ao ponto de partida no círculo. Era um pouco trivial, mas não importava. Tinha nos unido como pessoas. Antes estranhos, todos saímos do círculo com alguma coisa a mais em nossos corações. Logo nos dirigimos para lugares diferentes, alguns foram para perto do fogo, alguns foram buscar cidra, outros saíram andando pelos caminhos mais iluminados. A árvore de Natal tinha uma vela piscando suavemente nos galhos.

O propósito de um círculo de história não é exatamente a história. É a intimidade compartilhada.

9

O FINAL

Quando você pegou este livro, deve ter pensado que contar histórias se tratava de contar coisas divertidas para crianças. É, mas esperamos que agora você veja a contação de histórias como algo mais rico, uma técnica eficiente para compartilhar informações e estimular intimidade durante toda a infância até a velhice.

Já sabemos disso, embora de maneira inconsciente. As pessoas são cativadas pelas histórias, e tem sido assim desde o início do *Homo sapiens*. Evoluímos, como sugeriram Brian Boyd, Jonathan Gottschall e muitos outros, para contadores e ouvintes de histórias. Longe de ser insignificante, contar histórias é uma ferramenta altamente útil para atrair a atenção, simular experiências difíceis e disseminar informações essenciais. Além de nossos sentidos diretos, nosso cérebro está preparado para receber informações mais rapidamente por meio de histórias. É o principal método pelo qual transmitimos valores familiares, religiosos e culturais. História é o modo como damos sentido à nossa vida.

Do momento em que acordamos até a hora de irmos para a cama, estamos ouvindo ou contando histórias todo o tempo. Podemos não chamar de narrativas, mas a maioria das palavras que dizemos ou ouvimos está embrulhada em alguma forma de história. Quando descansamos à noite, nosso cérebro continua a nos contar histórias enquanto dormimos. Na verdade, estamos tão saturados de histórias que às vezes temos dificuldade em reconhecê-las, como a parábola do lenhador que não é capaz de ver a floresta por causa das árvores.

A quantidade de vídeos, filmes e livros agora disponíveis para crianças em geral faz com que as histórias permeiem a vida dos nossos filhos, talvez mais do que nunca. Algumas dessas histórias são boas. Algumas são ruins. Mas não há dúvida de que muitas delas são altamente envolventes. O resultado é que muitos pais, muitos dos quais cresceram dentro dessa saturação midiática, se sentem justamente intimidados pela contação de histórias. Talvez conheçamos alguns professores ou amigos que sejam bons contadores de histórias, porém, diante de gigantes como HBO e Disney, é fácil nos excluirmos todos dessa lista. Se olharmos para a contação de histórias como uma simples transmissão de narrativa, então esse pensamento é convincente. A maioria de nós não tem o poder criativo para competir com *Frozen*. Então, por que tentar?

Pode ser verdade que *Frozen* tenha uma narrativa mais complexa do que nossas humildes histórias de ursinhos, porém, se começarmos a perceber que contar histórias tem a ver com relacionamento entre narrador e ouvinte, abrimos a porta para uma nova perspectiva. Uma criança que cresceu com a intimidade da hora da história não vai ter dificuldade de diferenciar as histórias dos pais daquelas que encontra em outros lugares. Provavelmente, irá preferir as dos pais em muitos contextos. De qualquer modo, não haverá muita necessidade de comparação, porque tanto os pais quanto os filhos irão reconhecer e sentir a diferença.

O objetivo deste livro é inspirar você a se apossar da tradição de contar histórias, que pertence por direito a cada um de nós, seres humanos. Isso traz muitos benefícios: seus filhos vão gostar

Evoluímos em contadores
e ouvintes de histórias.

das histórias cativantes que surgem apenas dentro da intimidade familiar. Mas, tão importante quanto, você vai recuperar a alegria que vem dessa expressão criativa. Não é apenas uma questão de em quem ou em que seu filho está prestando atenção, mas de criar uma válvula para expressar a intimidade, alegria e seriedade de nossa vida diária. Contar histórias não é uma via de mão única; é recíproco e relacional.

O primeiro passo é ser você mesmo. Esse é seu alicerce e vale a pena ser honesto. Você não pode construir um relacionamento com seus filhos se ele for tomar como base uma faceta que não é verdadeiramente sua. Não construa uma mansão numa base instável. Pode acabar se tornando um castelo de cartas.

O passo seguinte é começar com histórias simples. Isso é feito de modo mais fácil se seu filho ainda for pequeno. Há uma boa razão para começar a contar histórias no primeiro dia de vida do seu filho, mas tente não esperar mais do que seus 3 ou 4 anos. Começar cedo facilita a contação de histórias e ajuda a desenvolver sua rotina. O aspecto mais importante de seu ritual de narrativa é, simplesmente, fazer. Contar histórias exige prática. Você terá dias ruins e histórias ruins. Nós ainda fazemos isso o tempo todo. Mas, se tiver uma rotina, a intimidade do momento ofuscará qualquer bobagem.

Se usar o ciclo narrativo, suas histórias não apenas serão criativas como também irão se relacionar com o mundo real de seu filho. Isso cria saídas para brincadeiras e memórias e, com o tempo, pode levar a histórias com ricos ambientes, onde muitas bonecas, brinquedos, lugares, objetos e atividades lembram ao seu filho o tempo de vocês juntos e o induzem a outras maneiras criativas de brincar.

Ao usar a linguagem descritiva e algumas das outras técnicas narrativas descritas no Capítulo 5, "Porcas e parafusos", você pode adicionar riqueza e profundidade às suas histórias. Se manter uma prática regular, seu filho lhe dará as pistas e você verá que suas histórias amadurecem quase sem esforço.

Isso, por si só, criará experiências infinitamente ricas, momentos frequentes de significado compartilhado e memórias para toda a vida, que você e seu filho irão valorizar. Porém, uma vez que tiver o controle das histórias, poderá acrescentar mais camadas de significado e riqueza à sua vida, acalmando, ensinando e trazendo a intimidade da contação de histórias para todos os seus relacionamentos. No final da vida, assim como no início, geralmente há um interesse renovado pelo poder de uma simples história. Não há fim.

EXERCÍCIO #16

Ouça sua história

Cada um de nós carrega uma história interna sobre quem somos. Somos belos, fortes, inteligentes, atléticos, densos, perversos, injustiçados etc. Temos muitas características e experiências que ajudam a escrever nossa história, às vezes com narrativas conflitantes. Que histórias têm sido dominantes em sua vida? Que tipos de palavras você diz a si mesmo? São verdadeiras? Como e quando essas histórias se desenvolveram? Podem mudar? O que você pode fazer para ajudar seu filho a criar histórias internas saudáveis na vida dele?

·················· **EXERCÍCIO # 17** ··················

Ouça a história de seu filho

Convide seu filho a lhe contar uma história. Ouças os temas, as imagens e os sentimentos que surgem. Não julgue. Apenas observe. Se o exercício for produtivo, considere torná-lo parte regular da hora da história. Tente prestar atenção às imagens ou aos temas recorrentes abordados por seu filho. O que o encanta? O que ele evita? Que tipos de personagens surgem? Isso pode lhe dar um vislumbre dos pensamentos íntimos do seu filho e ajudar você a desenvolver histórias que realmente dialoguem com eles.

EXEMPLO DE HISTÓRIA

Borboletas

por Joseph Sarosy

Era quase o último dia de aula. O rio estava cheio, e a terra, verde. Silke, as crianças e eu estávamos no bosque construindo casinhas com gravetos. Enquanto fazíamos isso, centenas de borboletas voaram à nossa volta, sugando flores brancas que pendiam de arbustos silvestres. Agora era hora do almoço, e, enquanto nos acomodávamos sob uma sombra, Silke e eu começamos a trocar olhares, como se estivéssemos dizendo, *"Você? Eu?"*.

Sorri e balancei a cabeça. Borboletas. Era tudo de que precisávamos. Depois de terminarem de comer, as crianças fecharam as lancheiras, buscaram um lugar confortável e se colocaram a postos para a hora da história. Tínhamos passado por isso inúmeras vezes.

* * *

– *Tudo bem* – falei, assim que a movimentação acalmou. – *Vou contar uma história. É sobre uma larva.* – Fiz uma careta, querendo dizer *desculpem*, então dei de ombros. – *Vocês sabem o que é uma larva? Basicamente, é uma minhoca.*

É isso. Meio que estica e puxa. O nome dessa larva era Gertiette. Gertiette, a larva.

– Bem, Gertiette adorava comer. Gostava de comer grama e folhas, mas tinha nascido no outono. Ela comeu o máximo que conseguiu, porque logo não haveria mais nada para comer. Ela estava um pouco triste. Sem saber o que fazer, subiu numa árvore e meio que se aninhou em um buraco no tronco. Lá fora, ela viu a terra verde se tornar marrom e seca. E ficou terrivelmente sonolenta. Quando acordou, tudo em volta estava branco. E frio.

– Era inverno – uma das crianças disse. – Neve.

– Hã, hã, isso mesmo. Inverno. Aff, estava frio como um arrepio. Frio como calafrio. Quero dizer, estava frio, e Gertiette simplesmente não sabia o que fazer, exceto dormir. Então foi o que ela fez. Zzzzzzz....

Fechei meus olhos e fiz barulhos de roncos parecidos com Os Três Patetas. Algumas crianças riram. Outras me imitaram. Eu ri também. Silke sorriu. O bosque. Eu poderia continuar fazendo isso eternamente.

– Certo dia, Gertiette acordou. – Olhei para a esquerda e para a direita, fingindo seriedade. – Sniff-sniff. Algo estava diferente. Ela deu uma espiada pelo buraco e viu o Sol brilhante. Não sei por que, mas, por algum motivo, ela decidiu sair pela janela, o buraquinho que havia na árvore. Ah! Estava verde. Tudo. Os arbustos tinham brotos verdes saindo pelos galhos. A grama estava crescendo verde no restolho seco do ano anterior. E estava barulhento! Gertiette olhou e viu o rio correndo, mais caudaloso por causa de toda a neve derretida. E as árvores. Céus, as árvores! Gertiette deu uma olhada, e sua boca começou a salivar como um grande labrador. O cachorro. Com a língua de *fora e tudo o mais. Ela desceu, achou um galho. Nhac! A comida era boa.*

Bem, Gertiette estava sentada lá no galho, mastigando, quando, de repente, viu um galho do outro lado do arbusto, meio que balançando. – Virei minha cabeça para o lado, como se estivesse espiando por cima de um galho. Silêncio. Virei para o outro lado, tentando ver melhor. – *Ela olhou. Mas não conseguia ver nada, então voltou a comer. Bem, ela estava lá comendo, e o galho ainda balançando, então olhou.* – De novo, espiei sobre galhos imaginários. Nada.

– *Foi quando decidiu ir até lá e ver o que estava acontecendo. Ela foi se mexendo, sabem, do jeito que uma larva faz, mais barriga do que pé, e, por fim, chegou até o outro galho, que ainda estava balançando.* – Cada vez que eu dizia a palavra *balançando*, eu me balançava um pouco e algumas crianças repetiam esse movimento.

– *E... lá estava Greg. Greg é outra larva, igual a Gertiette. E então Gertiette diz: "O que cê tá fazendo?".*

– *Eu?* – pergunta Greg, com a boca cheia de folhas e fluidos escorrendo.

– *Sim* – diz Gertiette.

– *Ah, só tô comendo folhas. Sabe. Relaxando.*

– *Hã, hã* – diz Gertiette.– *Sei como é.*

– *Isso.*

– *E, agora, eles são bons amigos. Gertiette e Greg. E toda a floresta está ficando cada vez mais verde. Aff! Estou falando do paraíso para uma larva.*

Darei um segundo de pausa para declarar o óbvio: que até então nada havia acontecido. A história estava tão chata quanto poderia ser. Mas as crianças estavam extasiadas. Eu fazia vozes engraçadas, parando e agindo de modo esquisito, e elas aceitavam tudo com gosto pelo mesmo motivo que eu. Somos amigos. Dificilmente importaria qual história era. Almoçar debaixo da sombra de uma árvore, ouvindo alguém em quem você confia, é o bastante. Além disso, elas conheciam minhas histórias. Sabiam que chegaria a algum lugar. A expectativa pode ser doce.

– *Finalmente, certo dia Gertiette se cansa. Quero dizer, fica cansada de verdade. Do tipo, uau, mal consigo manter minha cabeça de pé. Ela fica toda molenga.* – Balancei minha cabeça para a frente e para trás. – *Então, e ainda sem saber por que, ela diz a si mesma: "Vou me pendurar nesse galho".* Encolhi os ombros e falei com um tom diferente: – *Ah, Gertiette. O que você tá fazendo? Mas Gertiette não está escutando. Simplesmente está fazendo a coisa dela.*

– *Bem...* – baixei minha voz, me fazendo de sério. – *Gente. Estou falando sério, Gertiette nem sabia o que está acontecendo. Ela caiu no sono e, quando adormeceu, todo o seu corpo ficou rígido. Tipo duro, como uma concha. Ela só estava ali pendurada, sem se mover. Mas lá dentro* – com meus olhos arregalados. – *Lá dentro, é como se todo o corpo dela ficasse mole. Como... Como mingau lá dentro. Melado e quente. Gertiette não sabe o que estava acontecendo... Mas, gente, é como a mágica mais maluca que vocês já viram. Gertiette é uma coisa dura pendurada em um galho e uma coisa mole lá dentro, e eu nem sei mais onde Gertiette está! É assim que é, e é assim há muito tempo. E enquanto está dormindo, ela tem um sonho.* – Fiz uma pausa, uma expressão séria no rosto.

– *Sabem o que aconteceu naquele sonho?* – Algumas crianças balançaram a cabeça. Balancei minha cabeça para a esquerda e para a direita, então dei um sorriso.

– Olha isso... No sonho, Gertiette está na floresta e encontra uma fada. Fadas voam, então é legal. A fada desce e diz: "Tenho um recado importante, Gertiette. Você tem uma grande tarefa". E, claro, Gertiette está um pouco nervosa, mas a escuta. "Gertiette" – diz a fada de um jeito bem sério – "quando acordar, Mãe Terra pediu para você tomar conta das crianças e mantê-las em segurança." Então ela se virou, e Gertiette ficou olhando a fada voar para longe.

– Crianças... Gertiette acorda. É como se estivesse fora há meses. Ou anos. Mas, na verdade, foram só algumas semanas. O som que a acordou, aquele crack!, foi seu próprio corpo. Sabem o que isso significa!? Seu próprio corpo. Apenas... crack!

– Uau, ela está sonolenta. Ela está assustada. Por fim, boceja e es-ti-ca os braços – e aqui fiz mímica dessas emoções. – E... pera aí. Algo não está certo. Ela olha para seus braços e então pensa: "Peraí, eu não tinha braços antes. Hein?!". Mas, de qualquer maneira, agora os braços dela são, quer dizer, não são mais exatamente braços. Todas as crianças se entreolharam. – Ela é uma borboleta – disseram com os olhos.

– Gertiette estica seus braços, que agora são asas, e está meio melada e encharcada. Ela só está pendurada, meio que acordando, secando e chamando sua atenção. Vocês sabem como é acordar depois de dormir por semanas? Bem, ela olha o mundo e está ainda mais verde do que antes. Agora a grama está totalmente verde e os arbustos não estão apenas verdes... gente, uau... estão cobertos de flores! As árvores são grandes, frondosas e fazem muita sombra. O rio está borbulhando, um pouco mais tranquilo do que estava antes. E agora Gertiette está acordada. Ela se lembra. Está de volta. Vê os arbustos. Ela é linda. Ela é forte.

— Então, ela está sentada naquele galho, na verdade, pendurada, e vê alguma coisa. O galho do outro lado está... bem... meio que balançando. Ela se vira para olhar. E depois olha para o outro lado. Mas não consegue saber o que é. Sniff-sniff. Mas o cheiro é bom. Ela olha de novo. O galho ainda está balançando. Não dá para ver. Então, ela decide andar até lá, mas, quando faz... uau!!!

— Todo o seu corpo sobe no ar. E quando ela puxa os braços, são... são... bem, está voando. É a coisa mais maravilhosa que ela já fez. Simplesmente está flutuando no vento, dando voltas. É como se o vento a estivesse movendo, mas era ela que movia o vento. É incrível! Ela vê o galho e, batendo um pouco mais os braços, desce e pousa. Estava repleto de flores, pequenas flores brancas penduradas, e o perfume delas era incrível. Ela olha e ri. É Greg! Ele está pendurado no galho e saindo de alguma coisa.

— Greg! — ela diz —, onde você tava?

— Eu? — diz Greg, olhos arregalados. — Espera aí — ele diz. Abre uma de suas asas, então fecha. — Gertiette. Tive o sonho mais incrível. Estava dormindo e daí veio uma fada. Ela disse que tenho que fazer uma coisa. — As crianças começaram a se entreolhar novamente.

— Sério? — disse Gertiette. — Também tive um sonho. Ela... falou...

— As crianças — disse Greg. — Tenho que cuidar das crianças...

— E mantê-las em segurança? — perguntou Gertiette. — Greg, tive o mesmo sonho.

Eu podia ver as expressões de surpresa se formando nos rostos das crianças. Agora estávamos todos imersos. Eu, Silke, Gertiette, as crianças, Greg. O bosque.

– Ora, vocês sabem o que acontece. Agora eles são borboletas. Gertiette e Greg, voando por aí. Grandes arbustos silvestres por todos os lugares. O mundo todo está cheio de arbustos e flores e comida, e são todos tão bons, tão deliciosos. Estou falando sério, sabem, elas estão voando por aí, e existem centenas, talvez milhares dessas borboletinhas por todos os lados. E há crianças. E as crianças passam, e as borboletas estão voando, e estão tomando conta. Sabiam? Elas estão tomando conta das crianças, mantendo-as em segurança. É assim que é. E é assim há muito, muito tempo. Borboletas. Crianças. Ficando de boa. É muito bom.

Parei. As crianças olharam para cima. Ouviam o final da história pelo tom da minha voz.

É fácil duvidar do poder dessa história. É um pouco melosa para uns, gíria demais para outros. Não sugiro que você faça assim. É apenas o meu jeito. É quem eu sou. Gosto de ser bobo e dar motivos às crianças para duvidarem de mim. Isso faz com que riam, dá a elas permissão para questionar minhas palavras. Elas precisam decidir por si mesmas se há algum pingo de verdade na história. Espero que você sinta o mesmo quando ler este livro. Contar histórias pertence a você. O método que descrevemos fornece uma estrutura útil, mas há espaço nela para tantas expressões diferentes quanto existem pessoas no planeta.

Quando as crianças acabaram a hora do descanso e foram para aquele campo de borboletas, seus olhos se iluminaram. As borboletas voavam quase da mesma maneira. Os arbustos não tinham mudado. Até mesmo havia motivos para duvidar da história boba do professor. Mas a verdade não era exatamente o objetivo. Para as crianças, era suficiente se perguntar, mesmo que por apenas um instante, se as borboletas estavam ali realmente zelando por elas. Ou, talvez, fosse o suficiente chamar a atenção de um garotinho para as borboletas de verdade que ele tinha ignorado antes. O que era inquestionavelmente real, no entanto, era a palpável sensação de comunidade sentida entre as crianças, a alegria compartilhada em seus rostos e a presença amorosa dos professores quando saímos do bosque para aquele campo de borboletas. Não era apenas faz de conta.

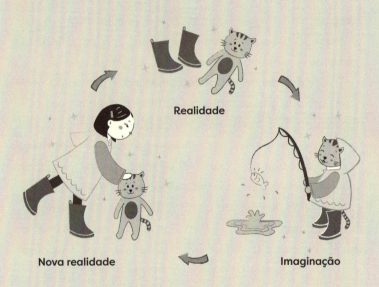

NOTA DOS AUTORES

Nosso objetivo é ajudar pais, educadores e cuidadores a usar a narrativa para criar intimidade duradoura com suas crianças. Esperamos que este livro inspire você. Se ainda não começou a contar histórias, o convidamos a dar o primeiro passo e começar hoje. Nada desenvolverá sua arte melhor do que a prática regular. Os exercícios apresentados ao final de cada capítulo são bons pontos de partida, mas o convidamos a seguir também seu coração. Essa habilidade é algo que existe lá no seu interior. Você vai saber quando estiver no caminho certo.

Existe, é claro, muito mais sobre contação de histórias do que colocamos neste livro. Nossa intenção era criar uma leitura rápida para pais ocupados, com um método simples e passos fáceis de serem lembrados. Conseguimos? Adoraríamos saber sua opinião.

Boa sorte!
Silke & Joe

Entre em contato com os autores e saiba mais em:
www.howtotellstoriestochildren.com
facebook.com/howtotellstoriestochildren

AGRADECIMENTOS

Este livro é o trabalho de muitos contadores de histórias. Obrigado a todas as crianças que fizeram parte dos nossos anos de contação de histórias. Obrigado aos Gnomos, às Crianças da Terra e a todos os professores e pais que cruzaram nosso caminho. Obrigado aos nossos próprios filhos, aos nossos pais e aos nossos ancestrais desconhecidos que tornaram possível este presente.

Somos especialmente gratos a Alison P. Brown; Amy W. Hope; Andrea B; Angela Prettie; Angelika Heikaus; Ayesha Candy Cruz; Beth Gallatin; Brandon Hubley e Jolie, Diedre, Nancy, Karleen, Matthew, Caroline, e Jean; Brock Anderson; Chase, Rachel, e Aldo Stearnes; Damon McLean; Dan Brodnik; Dana Klepper-Smith; Daniel Lodwig; Danielle Avdul; Danielle Freeman; Devin Powell; Diana Rico; Diane Singerman; Ed Neal e Sue Lewis; Emily Kedar; Emma Avalos e Seth Blowers; Erinn Kilcullen; Francis Scully; Freya Markowski; Gilbert Renault; Glen Carlberg; Grace Iverson; Inka Markowski; Irina Sels; Jai and Jan Cross; Jared Krause; Jenn Foley; Jenny Kostecki-Shaw e Patrick Shaw; Jessica e Matt Jones; Joe Plummer; Joseph and Michelena McPherson; Kara Andresen; Karen Moravek; Katy McKay; Kendra Adler; Larry Wiesner; Lindsay E. Nance; Loretta Neal; Lou e Jane Brodnik; Malinda; Marcy Andrew; Margaret Brewster; Mari Tara; Marie Goodwin; Mark Dixon; Matthew Ryan; Michele Boccia; Michelle Williams; Mike Pumphrey; Mirabai Starr e Ganga Das Little; Nancy McDaniel; Paola Marusich; Paul Rudy; Paul Wapner; Peter Brodnik; Philip e Patricia Cummings; Rachael Penn; Rae Halder; Renay Anderson; Renee Angele Mason; Roberta Sharples; Ron Boyd; Sally A. Boyd; Samantha Brody; Satyadev; Sena Rasun-Mahendra; Sevenup; Stuart Stein; Tracy Cates; e Zwanet Hamming.

Obrigado a Jenny Kostecki-Shaw por toda colaboração ao longo do caminho. Obrigado a Bridget Wagner Matzie por nos ajudar a transformar este livro em algo significativo. Obrigado a Jane Friedman por seus excelentes conselhos. E obrigado a Sarah Pelz e ao pessoal da HMH por transformar este livro em um tesouro.

Disney, A Pequena Sereia, Pixar e Frozen são marcas registradas da Disney / Marvel e Homem-Aranha (Spider Man) são marcas registradas da Marvel / Psychology Today é uma marca registrada de Sussex Publishers, LLC. / The Atlantic é uma marca registrada de The Atlantic Monthly Group / Harry Potter é uma marca registrada da Warner Bros. Entertainment / NPR (National Public Radio) é uma marca registrada da NPR / HBO é uma marca registrada de Home Box Office, Inc.

Esta obra foi composta em Sabon LT
e Filson Pro e impressa em papel
Pólen Soft 70 g/m² pela BMF Gráfica e Editora.